教师用书系列

星星之火教育路

赵卫华 著

北京出版集团公司
北京教育出版社

图书在版编目（CIP）数据

星星之火教育路 / 赵卫华著 . — 北京：北京教育
出版社 , 2020.1
（教师用书系列）
ISBN 978-7-5704-0391-2

Ⅰ . ①星… Ⅱ . ①赵… Ⅲ . ①政治课—教学研究—初
中 Ⅳ . ① G633.202

中国版本图书馆 CIP 数据核字 (2018) 第 146079 号

教师用书系列
星星之火教育路

赵卫华　著

*

北京出版集团公司
北京教育出版社　出版
（北京北三环中路 6 号）
邮政编码：100120
网址：www.bph.com.cn
北京出版集团公司总发行
全国各地书店经销
天津兴湘印务有限公司印刷

*

710×1000　　16 开本　　8 印张　　100 千字
2020 年 1 月第 1 版　　2020 年 1 月第 1 次印刷
ISBN　978-7-5704-0391-2
定价：30.00 元

质量监督电话：（010）58572393 58572817　58572750

目　录

第一编　初中政治课教学

互动式教学模式在初中道德与法治课教学中的应用

摘　要： 随着当前新课程改革的不断推进，初中道德与法治课教学提出了新的教学方式，应当对原来课堂教学中的枯燥教学模式作出改进，而互动式教学模式是一种注重互动的教学方式，能够较好地改善课堂教学氛围，提升该门课程的教学效率，本文主要对其实际应用展开探讨。

关键词： 互动式教学模式；初中道德与法治课；应用

初中道德与法治课程教学主要是为了提升学生的思想道德素质和法律意识，是一门较为特殊的课程，对学生带来的帮助是巨大的。但是该门课程如果按照传统的教学方式展开教学，其在教学内容上将会显得十分枯燥乏味，影响到最终的教学效果。而采取互动式教学模式，能够有效改善这种不良状况，提高教学的效率。下面对其展开具体的探讨。

一、互动式教学模式应用于初中道德与法治课程教学中的优势分析

将互动式教学模式应用于初中道德与法治课程教学之中，表现出较多的优势之处，其主要体现在以下四个方面[1]：第一，能够有效提升学生的参与意识。教师在初中道德与法治课程中设置和开展一系列的教学活动，然后以此来开展互动式教学，使得课堂教学更加具有趣味性，有效调动学生的参与兴趣，从而实现对学生参与意识的培养和提升，对培养学生自信心有着较大的帮助。第二，有助于师生保持良好的关系。在互动式教学模式之中，教师与学生之间沟通交流得更多，在沟通交流中有助于二者之间互相了解，从而促进二者之间关系的提升，对教学活动的开展和进行带来帮助。第三，促进教师专业素质的提升。在互动式教学模式之中学生会更多地针对教学活动中的某知识点提出问题，而教师为了能够顺利地回答学生提出来的这些问题，就必须不断加强对相关知识的学习，从而促

进自身专业素质的提升。第四，提升教学的质量。在互动式教学模式之中极大地改善课堂教学的氛围，学生比以往表现出更加积极的学习情绪，对学生自主性学习产生帮助。而且在这种教学模式之中更加具有针对性，主要针对学生不能够理解的地方展开交流探讨，能够让教学的质量得到提升。

二、互动式教学模式在初中道德与法治课程教学中的实际应用探讨

互动式教学模式在初中道德与法治课程教学中主要需要与一些实际的教学活动来一起展开，下面笔者结合自身实际的教学情况展开对其应用的探讨。

（一）与案例教学法进行结合

在初中道德与法治课程教学之中，案例教学法是一种十分常见的教学方法，教师通过列举实际的案例来帮助学生对相关知识的理解，促进学生思想道德素质和法律知识的提升。而将其与互动式教学模式进行充分的结合，能够让学生在学习相关案例之后，与学生和老师进行交流互动，针对该案例展开进一步探讨，这样将更有助于加深学生对它的理解，也能够让学生从中受到更大的感染，从而达到

提升教学效果的目的[2]。

例如：在初中道德与法治课程中关于教学如何与新同学相处的知识和内容时，可以首先为学生讲解一个案例：曾经有两个小学同学，其中一个同学在性格上较为开朗外向，另一个则较为内向，他们在进入初中阶段的学习中时仍旧为一个班级的同学，其中性格开朗的同学很快就和班级之中的学生变得十分熟悉，而另外一个较为内向的同学在班级之中却很少和其他同学交流，其朋友也非常少。通过这样的一个实际的案例来开展互动式教学，与学生针对这两种性格的同学展开探讨，让学生能够将其与自身进行联系思考，从中真正学会如何与其他的学生进行沟通交流。

（二）与辩论活动进行结合

辩论活动本身就属于一种较为强烈的互动活动，在初中道德与法治课程教学中开展此类型的活动，能够有效激发学生的好胜心，让学生自行去查找和收集相关的资料和文献，从而在此过程中促进他们知识积累上面的提升。同时在实际的辩论活动中，需要学生具备较好的口才、较为灵活的思维，活动中能够对学生这些方面起到较好的锻炼作用。教师在需要讲解某方面的知识要点时，只需要设计和组织这样一场辩论活动，将能够让学生对其中的相关知识点理解更加深刻，而且还能够学习得更加全面。

(三) 与情境教学法进行结合

在初中道德与法治课程教学中需要学生了解和掌握一些法律常识，以便他们能够在生活中更好地端正自己的行为。但是在进行法律常识教学的过程中，课堂教学氛围通常都十分枯燥乏味，影响到学生对这些知识学习的兴趣，而且学生在对相关法律知识进行学习的过程中，普遍认为法律知识目前离自己还太遥远，更是让其对这方面知识的学习不感兴趣。针对这种情况，在教学中将情境教学法与互动式教学模式进行充分的结合，让学生进行情景模拟活动，从活动之中来理解和学习相关知识[3]。例如：在教学中可以通过模拟法庭活动的方式来开展教学，让不同的学生来担任法官、检察官、审判员、原告、被告等角色，然后让学生开展角色扮演的游戏活动，通过该活动过程让学生能够从中体会到法律的严肃性，学习和体会到相关的法律知识，从而对其掌握这些法律知识带来帮助。在此种互动式教学模式中值得引起注意的是，其中选择出来的活动案例，必须为当前大部分学生关注的焦点，这样活动的开展才能够更好地调动学生积极性，让学生参与更加踊跃，从而起到良好的教学效果。

三、结语

综上所述，将互动式教学模式应用于初中道德与法治课教学中能够起到较好的教学效果，但是从当前实际教学的现状来看，目前在这方面的教学还处于研究的初级阶段，在实际应用中还显得不够灵活，使得教学所具备的效果不能够充分地发挥出来，为此在今后的教学工作中还需要在这方面进一步加强。

参考文献：

［1］朱文霞．互动式教学模式在初中道德与法治课教学中的应用［J］.旅游纵览（下半月），2017，（08）：272.

［2］李兴选．初中道德与法治课教学中的应用互动式教学模式初探［A］.教育部基础教育课程改革研究中心.2017 年"互联网环境下的基础教育改革与创新"研讨会论文集［C］.教育部基础教育课程改革研究中心，2017：2.

［3］张美贞，旷新华．互动式教学模式在初中道德与法治课教学中的应用与实践［J］.中学课程辅导（教师通讯），2016，（18）：13.

浅谈思想政治课的导语艺术

人们常说"好的开始是成功的一半"。那么对于我们教师而言，好的导语就是成功上好一节课的关键。而且我们政治课，一般都安排在下午，此时学生身心都已经疲惫，正处于昏昏欲睡之时，没有好的导语无疑就是催眠曲。因此，要想上好一节课，教师必须精心设计导语。

1. 创设情境法。情感的触发，往往与一定情境有关，而生动感人的情景又能引发学生的愉快情绪。因此，教师可以通过图画、播放歌曲或多媒体来渲染课堂气氛，使学生学习情绪高涨。如我在讲"'一个国家，两种制度'的意义"这一节课时，我设计了如下导语：1997 年 7 月 1 日，是个举国欢庆的日子，香港回归，普天同庆，让我们一起回顾那激动人心的时刻：全体起立，奏国歌，英国米字旗落下，中华人民共和国国旗在香港国际会议展览中心高高升起！那情景令学生自尊、自信、自豪之情油然而生，然后顺势导入新课。

2. 设疑导入法。"学起于思，思起于疑"，思维一般都是从问题开始，遵循这一认识规律，为激起学生主动探索知识的积极性，教师可根据授课内容抓住事物的关键，巧妙设置疑问，引起学生注意力，拨动他们求知的心弦，从而导入新课。但要切记：悬念要具有"新""奇"的特点，要能击中学生的兴奋点。例如，我在讲"挫折孕育着成功"一节时，首先提问：你曾经遇到过哪些挫折？对你有什么影响？根据学生的回答，教师小结：挫折给人带来很大的痛苦，磨损人的锐气，但是，对有些人来说，挫折具有极大的积极作用。那么挫折具有哪些积极作用呢？下面我们来学习第二节——挫折孕育着成功。

3. 巧编故事法。针对学生爱听故事的心理特点，教师适当引用一些与教学内容有关的故事、寓言作为开头，可以帮助学生扩展思维，丰富联想，使之主动地投入新知识的学习。例如，我讲"个人理想与祖国命运紧密相连"一节时，我设计了一则寓言故事做导语：我是长江里的一滴水，我们的理想是奔向大海，可与大家一起走太慢啦！怎么才能显出我与众不同呢？我单独行动吧！于是这颗小水滴就跳上了岸。请问，小水滴的命运如何？它能实现自己的理想吗？如果把祖国比喻成长江，我们每个人就是祖国大江的一滴水，这充分说明了个人理想与祖国的命运是紧密相连的，自然导入本课。

4. 漫画辅助法。漫画生动形象、逼真、趣味性强，学生乐于接受，用它导入可以起到事半功倍的效果。例如，我在讲"情绪——奇妙的窗口"一节时，我出示喜、怒、哀、惧等不同表情的漫画，让学生辨认并猜想每种表情产生的原因，学生情绪高涨，纷纷举手，争着发言，在轻松愉快的气氛中完成了教学任务。

　　当然，导课的方法不只这些，常用的还有诗词、警句、名言等形式。要使新课一开始就扣人心弦，教师必须讲究导入的语言艺术。

寓快乐教育于初中思想品德课堂中

孔子曾云："知之者不如好之者，好之者不如乐之者。"换言之，学习如果不能怡情，不能快乐自己，那么就无法激起学习兴趣，也更无法提高学习效率。而这决定于教师在教学中能否为学生创设快乐的学习环境，激发浓厚的学习兴趣，以促进学生乐学，从而提高教学效率，达到学生在不知不觉中发展智力，培养能力，养成正确的人生观、价值观、世界观和是非观的目的。

孩子的天性都是好玩、爱动的，快乐的感受是更好地学习的情感基础。在课堂上，我们发现当学生喜欢某种活动时，他们便会全情投入，能够获得最好的学习效果。因此，在课堂教学中，就必须为孩子创设快乐的学习环境，激发浓厚的学习兴趣，以兴趣促进学生乐学。

一、建立一种民主、平等、和谐的师生关系，营造"快乐"的教学气氛，这是政治课堂实行快乐教学的前提和基础

教师必须勇于抛弃陈旧、迂腐的传统观念，放下唯我独尊的架子，要让学生知道三人行必有我师，老师也有不如学生的地方，师生之间是平等、民主、和谐的，有什么见解可以放胆在课堂上发表。教师要淡化授予者、管理者、权威者的角色，强化服务者、引导者、合作者的角色。当学生就某个问题发表自己的见解时，值得肯定的地方一定要表扬，若有不对切记不要轻易否定，而是引导学生阐述自己思考的理由，这样容易培养学生的自我意识，能让其感受到参与的快乐和取得成果的喜悦。

二、搜集充分的"快乐"素材。这是思想品德课"快乐"教学的必备条件

"快乐"教学离不开"快乐"的素材。快乐素材无处不在，只要我们用功去做、去想，细心留意身边的一些生活案例，但有一点必须做到，就是要把获取的信息记录并

进行加工处理。如：我上九年级第一单元认识国情、理解国策中讲"计划生育是我国基本国策"时，选用的素材是让学生计算下列题目：一位女同志，她的母亲生了 6 个孩子，她自己生了 4 个孩子，她的孩子结婚后每人只生 1 个孩子。1. 假如 6 个孩子都按照这样的标准计算，那么第四代共有多少个孩子？2. 如果按一个孩子生育标准，那么第四代共有多少个孩子？学生通过计算，得出仅仅四代从384 人到 3 人，孩子的人数出现如此大的差异。归纳：中国这样一个大国，如果无限地生育，将是一个天文的数字！可见实行计划生育，是从我国社会主义初级阶段的国情出发制定的基本国策，是我国在目前条件下解决人口过快增长问题，实现可持续发展，而逐步走向富裕的唯一正确选择。

三、建构"快乐"的教学方式，使学生乐在学中

积极倡导自主、合作、探究的学习方式是新课程的核心理念之一。真正实现教学方式的转变，在于明确经营课堂的主导者是教师，理念是学生学习方式的转变，途径是教会学生学习，落脚点则是学生在快乐中收获知识。

第一，创设"快乐"的教学情景。这是进行"快

乐"教学的基本方法。新课标明确指出：教师的任务就是创设教学情境，激发学生的学习兴趣，诱导学生投入到丰富多彩、充满活力的课堂教学活动中去，并以其亲身生活实践为基础，从中获得做人的基本道理，真正使学生在情感、能力、知识等方面获得全面发展。现代化的教学手段为我们的教学增添了亮丽的色彩，它能做到图文并茂，影音俱全，给予学生极大的感觉刺激，能收到意想不到的良好教学效果。教师要特别注意收集一些和教材有关的近期发生的重大时事政治。如：上八年级思想品德"生命健康权"时，我准备矿难、食品安全等事件，从中选取一些材料，作为导学案借助多媒体教学手段让学生看，马上激发学生的学习兴趣并令其投入到本课焦点话题"生命、健康"的讨论上来，那种讨论的激烈程度真是无法形容，最后我根据教材需要进行分析、总结归纳。这样不但活跃了课堂，而且也增加了学生的信息容量，更重要的是培养了学生分析教材的能力。所以教学过程中我尽最大能力体现以学生为本的新的教学理念，引导学生主动参与，勇于探索。

第二，给予激励性评价，让学生体验成功的"快乐"，从而增强学习的浓厚兴趣。创新意识潜藏于每个学生的头脑中，教师要努力激发学生的创造潜能，尊重和保护每一个学生的独创精神。在教学中，哪怕是微不足道的见解，老师也要给予充分的肯定，让每一个学生都体验成功的

"快乐"，觉得自己有能力、有潜力、有独创性，从而使学习兴趣得到增强，激起深入学习的强烈愿望。

第三，"快乐"教学要求思想品德课教师具备以下条件。（1）要求教师具备较强的课堂教学组织能力。教师是课堂教学活动的主导者，一堂课的教学质量如何，完全取决于教师的课堂组织能力。老师在课堂教学组织中引导不好，会导致"快乐"演变成混乱，而无法把持住课堂，结果"百花齐放"的课堂基本思路没有按照预先设计的思路走，出现教学失控。所以，进行快乐教学要求教师必须具备较强的课堂组织能力。（2）要求教师课前进行充分备课、充分预测、充分研究，教学所要用的素材要准备充足。（3）要求教师富有个人魅力，如知识渊博，富有感染力、亲和力，有恰如其分的幽默和较强的责任心。

第四，在思想品德课的快乐教学中，必须注意以下问题：（1）切记把握好"快乐"教学的适度，如果"快乐"无度，就会导致教学失控。（2）注意"快乐"素材的适用性。"快乐"教学以快乐为载体来达到学习知识的目的，"快乐"只是为了激发学生学习的动机。（3）注意"快乐"后的引导，防止学生乐不思学。

总之，教师要全力挖掘教学中的"快乐"因素，让学生在乐中收到事半功倍的效果。实践证明，幽默风趣的老师很容易得到学生的认可和尊重；充满欢声笑语的课堂更能激起学生的求知欲望和保护学生的创造力。师在乐中教，生在乐中学，让学生在轻松中学到知识，寓快乐于教学中。

新课改下初中政治课堂该何去何从

"没有品行的优等生就是次品或者是毒品。"这句话我不记得是从哪里看到的，但我是最赞同的。一个人可以没有才智，但不可以没有德行！而初中政治课程的开设就是培养中学生综合素质的重要渠道，对中学生的价值取向、人格完善起到促进作用。然而，传统概念下的政治教学，多数采用了强迫记忆的方式，使得学生对政治课程的认识停留在一个抽象、乏味、难以接受的状态。在这种状态下进行教学，学生的学习兴趣和对知识的认知程度便可想而知了。

如何来提高学生的积极性，怎样实现学生全面均衡发展，已成为教师关注的重要问题。本文从政治课程的特点出发，提出了学生差异化培养的目标，论述了回归生活对政治课程教学的重要性，并实践性地把政治观点迁移与拓展到其他学科中，为促进中学生的全面发展打下了良好的基础。

一、在差异化教学方法中提高学生学习的主动性

传统的初中政治课程教学中，教师衡量学生优秀与否的标志是学生对政治知识的识记程度，也正是教师这种过于追求政治课程知识的掌握的定位，使得学生对政治课程的学习陷入了单一的状态中，也就出现了传统意义上的"灌输式、填鸭式"教学的方式。然而，我们必须意识到，此类教学方法的运用，不但忽视了对学生思维以及探索能力方面的培养，而且影响到了政治课堂结构的改革，成为课堂教学内容、方法及组织形式改革和优化的瓶颈。差异化教学方法的实质是以新课改提出的因材施教作为基础理论，突破性地把学生进行"分类"。"分类"的真正目的在于对学生进行分层次的教学。也就是说，为不同层次的学生制定不同的学习目标和学习方法，让每个学生都能在对政治知识了解的基础之上获得新的提高，让每个学生都能在自己的"提高区"体验自己的成长，从而提高每个学生学习政治的兴趣。比如，在讲"公民的义务和权利"一课时，教师首先要明确课堂的教学目标，是通过学生对公民义务和权利一致性的学习，让学生养成自觉履行义务的能力，通过理论联系实际，培养学生归纳和分析问题的能力。

教学目标明确后，教师根据学生不同理解能力和理解方式，制定出不同的学习方法。教师可以采用故事的形式吸引学生的注意力，应用哲理的形式感染学生，应用感性与理性的结合深化学生对该课堂知识认识的深度等。不管采用哪种方式，最终的教学目标只有一个，改变的只是学生对知识的获得方式。

政治课程差异化的教学方式的基础是学生的自主学习，自主学习体现的是学生学习的"主角"位置，以及教师从"保姆型"到"自由型"角色的转变。自主学习倡导的是把更多的学习时间留给学生，把更多的发挥空间还给学生的教学理念。比如，我们提到的"公民的义务和权利"一课，在讲这一课前，学生肯定先要知道，公民的含义，权利和义务的含义，如果单纯地靠教师用抽象的文字去论述两者的定义，那么学生对两者的定义的理解便在无形中增加了约束成分。但是，作为政治教师要意识到，政治知识只是学生学习的基础素材，高效的学习方法才是学生受益终生的关键所在。因此，教师不妨把学习的时间让学生自己来掌握，让每个学生的不同的理解能力和不同的思维模式都能得到开发。最后，让学生自己去"说"对政治知识和观点的认识。这样一来，不但改变了学生被动接受知识的状态，而且还展示了学生对知识的驾驭能力，从而让学生在主动学习中，体会到了收获的快乐，为调动学生学习政治的积极性打下了良好的基础。此外，学生自主学习的结果，也给教师下一步的教学的目标的确立提供第一手资料。

二、回归生活，让政治理论及时得到实践

政治知识学习的内在意义在于潜移默化中对学生综合素质、身心修养、价值观念的影响。众所周知，中学生正处在人生发展的重要阶段，对自己人生的发展定位尚处在"雏形期"，因此，如何让政治知识发挥出特有的导向和基础作用，将对学生的成长产生重要的影响。基于此，文章提出了让政治课堂回归生活的教学理念。也就是说，在教学过程中，巧设生活场景，用生活化的思路去叩开学生理解的闸门，从而培养学生对政治知识的发散性思维。我们知道，每一个政治观点都是在事实中总结归纳出来的，如果我们单纯地从知识的关键字眼的理解和讲解角度去开展教学，将会使学生对政治知识的理解变得抽象。反过来讲，我们用生活中的事实去验证观点，也就是运用不同的"数据"去倒推一个"数学等式"，那么这个政治观点将会变得真实，学生对知识的理解程度也会更加深刻。

例如在讲"正确认识自我"一课时，教师可以把课堂模拟成一场综合性的拓展活动，比如可以播放《我相信》等带有激励作用的歌曲，来营造一种挑战自我的气氛，然后，教师可以出一些带有政治观点的题目，让学生用自己

实际生活的例子进行回答，教师对学生的回答加以评论。在这个过程中，学生不但学到了课堂的知识，而且还对自己生活中的表现做了比较准确的定位。可见通过教学过程中生活场景化片段的引入，增加了学生与课堂的黏着力，使课堂气氛一直处在活跃的状态，提高了教学质量。

三、政治知识点的迁移、拓展教学法

众所周知，政治知识是学生的思想支柱，是开展其他学科学习的基础之一。政治知识点的迁移与拓展的教学法，是以政治知识的网络构建为基础的，因此作为教师首先要帮助学生构建一个比较系统和全面的基础知识的结构框架，让学生具备知识点的迁移与拓展的结构脉络。然后采用关联发散思维的方式重新编排教学内容，从学生认知的发展模式出发，提出知识拓展的方向。例如，在讲"揭开情绪的面纱"一课中"情绪的管理"时，教师可以提出"情绪的影响因素有哪些?""当人产生情绪时，人的身体各部分将发生什么变化?"等一系列的问题，这样，通过政治知识与生物知识的结合，学生对政治知识的了解就会更加深刻，对生物知识也有了突破性的认识。

总结：新的课程改革背景下的政治课堂，教学方法只是被定义为教师培养学生的一种手段，学生懂得高效的学习方法和掌握对人生的认知规律才是政治教学的最终目的。因此，在政治课程的教学过程中，要本着"因材施教"的教学目标，对学生开展层次教学，通过对学生差异化培养让学生一起进步，共同提高；要善于应用生活中的素材，深化政治知识，让学生懂得学习与实践结合的学习方法；要给学生提供知识迁移与拓展的方向，从而促进学生学习的全面进步与发展。

新课改下政治教师该如何
定准自己的位置

随着新课改的实施，一些新理念也就应运而生。尤其是新课改要求每位教师在教学中由原来的主导者变成协助者，而《基础教育课程改革纲要（试行）》第10条更加指出了教师在教学过程中的地位和作用，从而引发了我们对教师角色定位的深思。在国家新一轮基础教育课程改革中，中学政治教师的角色应该是怎样的？我认为，明确的角色意识和正确的角色定位，是教师专业化发展的基础，是实施新的课改理念、推进课程改革的关键。

一、我是谁？模糊的角色意识，已是思想政治课改革和发展的瓶颈

我曾听到有的政治教师发出这样的疑问：我是谁？一线教师的困惑，的确发人深省。在教育系统内部以至社会上，不少人认为，思想政治课是谁都可以教的。就课程内

容而言，教龄稍长者便觉得，教材内容太不稳定，有"三年一大变，一年一小变"之说，而且对于世界格局的发展要非常敏感，对于政策的变化要非常熟悉，并随时充实到课程中来。所以，当新一轮课改的春风扑面而来的时候，确实有不少的教师不知道自己究竟是一个什么人，这决不是危言耸听！究竟是一个做学生思想政治工作的准班主任，还是一个学生的心理辅导员？是一个纯粹的德育工作者，还是一个"传道、受业、解惑"之人？教师们这种自感说不清、道不明的身份观念——角色意识，就成了我们这门课程改革和发展最大的障碍和瓶颈。因此，没有广大政治教师的参与，或者参与者没有明确的角色意识、工作方向，思想政治课的改革园地就必定是"一潭死水"。

二、怎么办？觉醒的角色意识，正是思想政治课改革和发展的动力

面对新一轮课改大潮涌来，当时教师们几乎是奔走相告，议论纷纷。于是，不少政治教师开始发问了：我们做什么？我们怎么办？似乎"春风不度玉门关"，就政治学科没事。正是这一点，恰好表明了我们广大政治教师的觉醒——本职、责任和使命的觉醒。这种觉醒了的角色意识，正是推动思想政治课改革与发展的动力。这种觉醒和随之

而产生的探索，不仅是思想政治课改革与发展的动力，更是思想政治课改革和发展的希望。

三、为人师！正确的角色意识，才是思想政治课改革与发展的前提

韩愈说：师者，所以传道、受业、解惑也。政治教师是为师之人。为谁师？为人——学生师！也许这才是正确的角色定位。这样定位，我们才不会平添一些莫名的疑惑。当然，韩愈先生经典性的概括已很不容易做到，而在今天，"为人师"又有了新的内涵和更高的要求。具体来说，政治教师今天的角色定位应该是：

1、学生良好品德形成的推动者。思想政治课的终极价值的体现，就是学生德性的养育和正确价值观的形成。因此，政治教师的职责之一，就是要通过以知识和生活为基础的综合性的实践活动，来陶冶和提升学生个体的思想品德。这种品德，是一种个体做人做事的好的习惯和倾向。一个社会的良性运转和发展，正需要每一个公民具有这种最起码的道德水平。于是，初中思想品德课程标准把这门课程的培养目标定为了培养负责任的公民、"四有"的好公民。政治教师作为实施这门课程的主体，必定首先是一个学生良好品德形成的推动者。在这一过程中，教师应该注

意将本人经年的道德积淀、向上的进取意识，通过平时和课堂教学中的师表作用，外化为推动学生品德形成的人格魅力，这是非常重要的。

2、学生学习策略获得的引导者。笛卡尔说过，关于策略的知识是最有价值的知识。其实，策略获得的过程便是能力培养和形成的过程。也许正是建立在这种重要性之上，思想品德课程标准把"能力"目标摆在了第二个层面，且全部六条内容本质上都是一个策略论的理由。这种能力和策略是将学生的知性化为德性的中介。一般来说，同成年人一样，学生的能力或策略形成于对理由分析和解决的过程与情境之中。这种过程的监控和情境的创设，便是我们教师的责任，即引导。

3、学生学习内容突破的点拨者。学生学习的内容，主要以教材为基础和依托，所以学生所获得的知识就主要是来自课本给予的信息。当然，也还有很多是教师提供的，以及师生、生生交流互动中产生的新信息。那么，学生怎样才能突破或者把握自己所要学习的内容呢？一般来说，这需要借助外因的作用，即教师的点拨。教师作为点拨者，其作用表现在：第一，揭示联系，即揭示学科主干知识之间的内在联系；第二，简化联系，即将学习内容中看似比较复杂的联系简单化；第三，建立联系，即建立书本知识与现实社会的联系，也就是引导学生理论联系实际。学生有了对于学习内容中关于主干知识的"联系"的把握，就能真正做到举一反三，实现对知识的迁移、再生或创新。

4、学生自主学习活动的组织者。学习是学生的自主活动。而自主学习，在本质上应该是主动的，也是探索性、研究性的。学生的自主学习活动凭借于一定的时间和空间，依赖于特定的材料（内容）和设施，加之学生个性心理品质中诸多不成熟、不稳定的因素，所以学习活动完全需要一个组织者。组织者的作用在于使学生不至于迷失方向和自我，使各种成长因素良性互动，从而在成长的过程中少走弯路。

5、学生非智力因素的激发者。非智力因素是学生完整人格中不可或缺、不可忽视的重要组成部分。它不仅对智力因素的发展有重大影响，而且直接影响个体作为社会角色存在的价值和贡献。在某种作用上，我们甚至可以说，非智力因素比智力因素更重要。然而在传统、应试型的课堂教学中，不少的教师恰好忽视了这一点。学生的学习动机怎样，学习兴趣如何，学习态度是否端正，学习习惯是否良好，情感是否投入，意志是否坚强，教师根本就没有太多的理会，或者没有采取有效的手段给予激发和培养。现代教学理论强调在课堂上要特别注重激发学生的生命活力。这也就要求，在课堂上，不仅要注重开启学生的智力因素，更要激发和培养学生的非智力因素，课堂教学应当实现与学生的经历、兴趣的统一。如果我们教师组织的课堂里，学生感到苦闷、枯燥、压抑，我们就是一个蹩脚的政治教师，一个失败的教育者。因此，在国家新一轮基础教育课程改革启动之初，我们就应该庄严承诺——让学生成为课堂的主体，老师"退居二线"，还学生一个灿烂的青春年华！

计算机在政治课上的功效之我见

随着新课改的进行，计算机也在教育领域开始大显身手了。大家都无法否认多媒体技术对于提高广大教师的素质具有重要的推动作用，运用多媒体技术丰富了教育教学活动，取得了良好的教学效果。思想政治课教学由传统的"以课本加粉笔为主要手段"的教学模式向"多媒体信息技术与教学相整合"的教学模式转变已经成为历史必然。近几年来，我在思想政治课时，基本上使用了多媒体教学，有一些体会，现在谈谈对运用多媒体教学的两点认识。

第一，运用多媒体进行思想政治课教学，有利于把抽象的思想政治理论具体化

我们知道，兴趣是最好的老师。鲁迅先生也说过："没有兴趣的学习无异于一种苦役，没有兴趣的地方就没有智慧和灵感。"学生的学习兴趣是构成学习动机中最现实、最活跃的成分，对于提高学生的学习效果、智力发展、能力培养及教学质量的全面提升有着巨大的作用。高中思想政治学科大多是纯理论的知识，往往深奥而抽象，

在传统教学中，教师大多采用灌输式的教学，从理论到理论，学生被动地接受知识，感觉很枯燥、抽象和乏味，理解起来比较困难，导致学生对我们政治课不感兴趣，同时，教材中有许多概念、原理，由于学生对其缺乏感性认识，也常常使得教师的讲解在学生心目中缺乏可信度，也难以激发学生的求知欲和学习兴趣。而多媒体辅助教学技术走进课堂后，在很大程度上可以解决传统教学当中的这些困难。

多媒体的特点就是采用动态视频、照片、动画、声音等来展示现实世界当中难以表现或者表现不够清楚的内容。它能够转变传统课堂教学中单一、枯燥的教学模式，避开了老师"一言堂"的弊端，既吸引了学生的注意力和学习的兴趣，又增强了学生对抽象事物的理解，使得枯燥乏味的学习变得轻松愉快，从而收到良好的教学效果。例如我在讲解"丰富的社会生活"一课中"在社会中成长"这一板块时，制作了一个课件。播放一段关于张家港两个文明的录相，引出社会存在和社会意识；制作了一个关于林妹妹与焦大的动画来表明鲁迅的"贾府里的焦大永远也不会爱上林妹妹的观点"，说明社会存在决定社会意识；放映了一组关于法轮功自残的图片，尤其突出前后照片的对比，说明法轮功的危害，进而说明落后的、反动的、不科学的社会意识对社会存在的发展有重大的阻碍作用，同时教育学生树立科学的社会意识，令其明白在社会中成长就该遵守社会规则；播放《走进新时代》（师生跟着一起唱，气氛很好），分析歌词所包含的哲理，培养学生综合分析能力，同时进行思想教育。

第二，运用多媒体进行思想政治课教学，可以启发学生的想象力，提高课堂教学效果。

素质教育就必须充分发挥学生的主体地位，提高课堂教学效率，而教学策略、教学手段的恰当运用，在很大程度上决定一堂课的教学效果。创设教学情境，其目的就是在创设与教学内容相适应的具体场景或氛围中，引起学生的情感体验，帮助学生迅速而正确地理解教学内容。多媒体技术可以将人、物、声、色、景融合在一起，使得传统教学中根本无法展示的许多东西栩栩如生地呈现在学生眼前，让他们如身临其境。例如：在讲述"生命的思考"中"活出生命的精彩"板块时，我先用多媒体系统播放贝多芬的《命运交响曲》，配以他的生平事迹导入新课，激发学生的热情。然后问几个学生是什么时候开始深思人生价值的，学生在一片笑声中得出"深思人生价值是人们走向成熟的标志之一"的结论，进而分析"价值"的含义；我用电脑打出"眼镜与正常眼和近视眼"的漫画得出"哲学上的'价值'包含两方面"的结论；末了同学们在一曲深情的《爱的奉献》的歌声中畅谈对人生价值的思考。然后我还把搜集到的活得精彩的人物的视频或图片给大家在大屏幕上展示，激发大家珍爱生命，让生命活得有价值、有意义。

　　总之，计算机在政治课上真的是大有可为，它可以把空洞的说教化为生动精彩的动画或者发人深省的视频，从而推进政治课课改的步伐。

试论开放式政治课堂对学生的
学习兴趣之影响

新课改形势下，诞生了许多新名词，比如开放式课堂，现如今，教育教学在社会发展中所起的作用越来越重要，尤其是政治学科，它不仅有助于培养学生的良好道德品质，完善学生的思想内涵，还能够通过思想的引领帮助学生进行其他知识的有效学习，健全人格。但是，传统的初中政治课堂教学手段大多单一枯燥，教学质量低下，学生的学习兴趣不高。针对这样的现象，作为一名政治教师就该不断反思：如何在初中政治课堂中采取开放式模式进行授课，从而活跃课堂氛围，提高教学效率，为学生的进一步发展奠定基础。

一、创建良好的师生关系

良好的师生关系是保证有效教学、打造开放式课堂的关键因素，教师与学生只有建立融洽的关系，才能保证课堂的活跃度。对此，教师要多与学生进行沟通，明确学生的实际内在诉求，并坚持做到因材施教，从而实现师生的良好互动，打造开放式课堂，提高教学效率。

二、转变传统的教学策略，采取多样化手段进行教学

传统的初中政治教学策略大多单一枯燥，课堂的教学内容只是一味地沿袭传统模式，学生主体地位无法发挥，课堂互动性差。针对这样的现象，就要转变传统的教学模式，变单一为多样，丰富教学策略，为开放式课堂教学模式的运用营造良好的氛围。

1. 采取讨论式教学模式进行开放式教学

教师可以将学生分为几个小组，让他们就某一理论进行探讨。这样一来不仅能够实现生生互动，加强学生之间的交流和沟通，还能够扩宽学生的视野，实现开放式教学。例如，初中政治教师在讲解"犯罪与刑罚"一课的时候，就可以让学生讨论犯罪与犯法之间的差异，从而达到开放教学的目的。

2. 坚持做到理论联系实际

想要创建开放式教学模式，就要保证知识的有用性，坚持理论与实际相连，为开放式教学方式的顺利应用提供前提。例如，初中政治教师在讲解"孝顺父母"这一课的时候，就可以将其与学生生活中与父母的关系进行紧密结合，让学生阐述自己与父母之间发生的小故事，并谈谈自己的感想以及对父母的感情，从而提高课堂的活跃度，实现开放式教学。

三、实行开放式评价

想要将开放式教学贯穿于初中政治教学的始终，那么就要转变以往以考试成绩对学生进行评价的手段。教师可以采用学生互评、作业审查、课堂发言以及考试成绩多合一的模式进行有效评价，从而实现政治开放式课堂教学。

活在中考犄角旮旯里的政治

在政治课参与到中考中之前，也就是在传统的教学模式下，初中政治课程常常会被学生选择性地"遗忘"，这种"遗忘"不是学生刻意为之，而是为了追求中考分数而不得不进行的"舍弃"。可以毫不避讳地说，在传统应试教育模式下，类似政治科目的"应试牺牲品"不在少数，这种情况的出现不仅不利于政治学科在教育事业当中的发展，更满足不了学生全面发展的需求。

一、激发学生学习兴趣

想要在新课改背景下，充分将政治教学的优势发挥出来，实现该课程对学生思想素质及价值观的正确培养，都必须要具有一个重要的前提，而这个前提就是激发出学生的学习兴趣。在传统教学背景的影响下，学生对政治学科学习兴趣的缺失，使得初中政治教学遇到了一定的阻碍，但是只要教师能够充分地进行教学，利用多方教学优势，那么学生的学习兴趣自然就会得到提高。在这一环节当中，教师首先要树立起学生在政治教学活动当中的主体地位，让他们感受到自己是学习的主人，将学生沉重的学习压力包袱卸下来。其次，利用实际生活当中发生的一些例子，对学生进行引导，让他们意识到学习政治知识的重要性，并学会利用政治知识丰满自己的思维与认知，使学生进一步地发现政治学科的魅力，从而达到激发学生学习兴趣的目的。

二、创设政治学习情境

为了更好地实现初中政治学科课堂教学效果的突破，教师必须要为学生创设出一系列良好的政治学习情境，通过学习情境的创设来模仿实际生活，让学生能够更加深刻地认识和理解政治知识，为学生政治知识的进步打下基础。例如，笔者在进行法律知识内容教学时，为了让学生能够更深刻地理解法律知识和其真正的效力，常常会选取一些具有代表性的民事诉讼案件、青少年犯罪事件（2013 年李××案件）的庭审现场视频，利用多媒体技术将其播放出来，让学生观看的同时，深思如下几个问题：

1、视频中有哪些知识点，是你在教材当中学到的？
2、如果你是律师，你会如何为当事人进行辩护？3、如果你是法官，你会如何对案件进行裁定或宣判？依据是什么？

4、从这个视频当中你学到了什么？

通过视频的观看，学生不仅实现了政治知识的巩固，更加深了对于法律面前人人平等观念的认识。除此之外，他们还深刻意识到作为国家新一代的接班人，什么事情该做，什么事情不该做，最终由内到外地实现了对学生政治素养的提高。

三、实现教学策略突破

在新课改形势下，想要更好地实现初中政治教学水平的提升，让学生充分的认识、理解、掌握政治知识，教师就必须要在教学策略上有所突破。如果仍采用传统政治教学策略，那么无论新课改的内容多么好，目标多么正确，都会面对"无效"的发展境地。为了更好地实现有效教学策略的突破，笔者在制定教学策略时，先对学生进行了调研，调研当中包含以下几个问题：1. 你觉得政治知识学习有用吗？为什么？2. 你觉得现在的政治学习策略好不好？为什么？3. 你眼中理想的政治学习应该是什么样的？4. 通过政治知识的学习，你学到了什么？

通过对这些问题的调研，笔者深刻地掌握了当下初中政治教育的三种形态，即学生意识中的政治、学生学习中的政治和学生理想中的政治，在掌握这三种初中政治的意识形态基础上，笔者更加充分地了解了学生的政治知识需求，并在此基础上制定出了符合学生实际需求的教学策略，例如"实践探究教学法""分层教学法""小组合作探究法"等。

政治教学强调优德性、人文性，体现了政治教育应有的尊严与高贵，它既是民族和时代的必定要求，也是教育文化的题中之义，更是政治教育回归学生精神人格培育这一宗旨的当务之急。

政治课堂的改革和创新初探

新课改下要求教师做到"一切为了孩子，为了孩子的一切"，而且新课程标准强调全面提高学生素质，推动每一位学生的发展，教师要注意在思想上全面把握改革思路，在实践中全面贯彻改革精神。中学思想政治课，是中学德育教育的重要阵地，也是培养学生良好的思想品德，树立正确的人生观、价值观、道德观的主要渠道。我们必须注意改革和创新。

一、重视在课上留白

中国古代的绘画作品常常留下空白，让欣赏者驰骋想象，进行再创作活动。政治教学亦可借鉴这一手段，故留空白，让学生体会课文的内容。"空白"，即在教学过程中设定一定的时间，让学生自己组织学习，或预习复习，或归纳演绎。"空白"艺术的主旨在于留给学生相当的时间，由学生自己对学习内容进行剖析、消化，使学生由被动接受变为主动深思。这将激发每个学生分析问题和解决问题的热情，使之真正成为课堂的主人。"空白"作为教学中的艺术，在强调素质教育的今天，尤其值得我们研究和探讨。"空白"艺术要求教师放弃"满堂灌""填鸭式"的传统教学策略，彻底克服教者"包办代替"、学者"生吞活剥"的现象。教师将由演员变成导演，学生则由台下的观众变成领衔主演。在"空白"中，学生在教师的指点下，按照自己的思路剖析概念、归纳原理，根据自己的特长确定掌握内容的具体方式，从而培养学生的深思能力、应用能力和自学能力，提高学生学习的主动性和自觉性。"空白"艺术的特点是：教师指导，学生操作。在"空白"中，学生既要动脑又要动手，或"悟"，或"做"，或"记"，灵活多样的学习策略必将诱发学生的学习灵感，不同思维特点的学生皆可找到用武之处，从而增强教学过程的趣味性和学生学习的信心。运用"空白"艺术，教师的主导作用和学生的主体作用都能得到比较充分的发挥。一方面，教师必须于课前对课堂教学做精心研究和策划，科学地组织教学内容和教学过程，每道题、每句话都应充分准备。另一方面，学生必须积极参与，充分发挥主观能动性。在"空白"中，教与学得到有机统一，学生对学习内容的认知和掌握程度必定会有较大提高，达到事半功倍的效果。

二、重视图片的使用

政治和其他科目一样，也应该重视图片的使用。彩图、插图具有直观、生动、形象的特点，如能灵活运用则必能取得理想的教学效果。彩图、插图虽居某一框题之中，但有的如果预先提出，作为入境之法和新授课的导入部分，则效果更佳。可以以图入境，导入新课，这样的导入策略新颖奇特，富有吸引力，必能使学生以最短的时间进入境界，充分调动学生的积极性，激发学生的学习兴趣；可以在课堂教学中适时运用，在课堂教学中，当学习到某一内容时，如果适时对该部分的彩图、插图加以讲解和指点则必定会取得"推波助澜"之效果，使学生的思想情感得以升华；用于课堂教学的结尾，根据教材内容，有些彩图和插图在一堂课的结尾时再加以运用，效果则更好，教师在引导学生看图时，进行概括和总结，这样定会深化学生对本堂课内容的认识和理解，使学生的印象更加深刻。彩图编排的顺序，反映了教材内容间的内在逻辑关系，故此，复习时如以彩图为联系点，启发引导学生展开联想，把教材内容联系起来，必定有助于学生从总体上完整而又系统地掌握教材内容。可见，彩图就犹如精彩的电影片段，使教材内容一幕幕重现在学生脑海中，激发了学生乐此不疲的学习兴趣，收到了意想不到的学习效果。

三、重视课程的导入

政治课也应该重视课程的导入，不能忽视导入的重要性。因为政治很容易给人呆板的印象，所以为了激发学生兴趣，更加要重视政治的导入。比如政治课教学之初，教师可通过模型、标本、图片、录音、录像等形式创设一种生动感人的教学情境，使学生为之所动，为之所感，产生共鸣，激励他们快速进入课文的世界之中。或是教师在让学生接触课文之前，可先自己复述课文内容，在关键处停下来，让学生猜测答案，这样巧设悬念，往往能激发学生的好奇心，学生阅读课文的热情就会大增。教师在导入新课时，可针对所讲内容，提出一个或几个问题让学生深思，从而使学生的思维更加集中，积极地期待着问题的解决。这样导入新课，能较好地吸引学生的注意力，使学生产生一种强烈的求知欲，增强讲课的吸引力。中学生好奇心强，求知欲旺盛，他们爱听爱看有趣的故事。教师可以抓住青少年的这一特点，针对教学内容，从与课题有关的趣闻逸事出发导入新课，能够激发学生对所学新课的浓厚兴趣。同时，授新课前，花极短时间，用绘声绘色的语言，讲述一则引人入胜的故事，显得亲切自然，缩短了师生间的心理距离，可以使学生在轻松愉快的气氛中进入学习。政治教学可通过"入画—入情—入理"这样的环节，环环相扣，引人入胜。入画，即以画导入，让学生进入画面情境之中；入情，即由入画将学生导入课文情境之中；入理，即让学生由情明理，认识到课文所蕴含的道理。有了一个好的开头就已经成功了一半。相信在一个轻松活泼的学习氛围中，学生的积极性会被充分调动起来，使政治课活泼、生动、妙趣横生。

四、重视学生的主体性

主体性教育是以培养和发展受教育者的主体性为主要目标的教育，是塑造和建构学生主体，发展学生主体性的教育。在整个教学活动中，学生是特定的认识主体和信息交换主体。学生主体思想已为大多数教师所接受，但在具体的思想政治课教学过程中，学生主体作用的发挥往往很不理想，主要理由在于教师习惯于"满堂灌"或"一言堂"，习惯于让学生跟着自己的思维转，这样学生成了学习的机器，缺乏主观能动性，没有自觉性和创造性，只是被动接受，与发挥学生主体性、提高学生素质的要求很难适应。因此就需要广大政治教师在教学实践中，真正树立起学生主体思想,并落实到具体的教学过程中,尊重、相信学生,让学生积极参与课堂教学。许多教师在这方面做了积极探索,我主要谈谈自己在教学实践中的一些做法,与同人探讨。要提高学生素质,关键是从学生出发,以学生为中心,培养学生的自主学习能力。这就需要在教学实践中变"教师为本"为"学生为本"。坚持"以学生的发展为本",扎扎实实地组织教学。实际上,也只有观念正确了,才会设计出合理的教学,组织好课堂教学活动。对课堂教学的认识,不应该只是满足于让学生把握教材,更主要的是引导他们借助对教材的学习,发展思维、情感和分析判断能力等。通过一堂堂课的学习,让学生不断完善自己的认知结构,掌握理解与运用政治理论的本领,提高认识世界的水平。要达到这个目的,就必须针对不同层次学生的实际情况实施教学,只有这样,学生的主体性才能体现出来。

所以,正确地协调与处理好教材的要求与学生的实际情况组织教学,是发挥学生主体性的关键。教师在钻研教材的同时,头脑中要有学生,时时深思学生原有基础如何,他们能接受吗,他们对现实问题的认识水平怎样,等等。简单说来,就是在头脑中,带着学生的实际水平去钻研、讲解教材,才能在课堂上体现学生的主体性,才能真正用好、用活教材。

研究性学习在政治课上的应用

江泽民同志 1995 年在全国科学技术大会上曾指出："创新是一个民族进步的灵魂，是国家兴旺发达的不竭动力。如果自主创新能力上不去，一味靠技术引进，就永远难以摆脱技术落后的局面。一个没有创新能力的民族，难以屹立于世界先进民族之林。"我们正处在一个知识经济初见端倪的时代，这是一个基于知识、注重创新和实践的时代，是一个以人为本、注重个性和多样化的时代。因此，现代教育的根本作用和价值在于培养和训练学生具有创新的精神，形成创新的能力，在于塑造一个健康向上、适应时代要求的人格。本人以为，研究性学习对于调动学生学习的积极性，充分开发学生的潜能和潜力，培养学生的创新和实践能力，塑造学生的健康人格，具有重要的作用。

对于研究性学习的含义，归纳起来一般有两种情况。一是指学科教学中的研习活动，是一种与接受学习相对应的学习活动，强调学生要探究、自主学习，发现问题、解决问题。这种学习方式可在校内外的各种教育、教学活动中渗透运用。二是指一种专题式的研究学习活动，指学生在教师的指导下从学习生活和社会生活中选择研究专题，在开放的情况下，多渠道获取知识，并综合应用知识解决实际问题，是一种项目学习活动。本文阐述的思想政治教学中的研究性学习，属于前者。现在，本人根据自己的认识和教学实践，谈谈在初中思想政治研究性学习中学生创新思维的培养。

一、构建知识、材料间的联系，培养学生的创造性想象力

我们要想培养学生的创造性想象力，就应从培养学生正确的观察社会、分析社会现实的能力入手。在教学过程中，教师应根据教学内容的特点，结合现实生活中学生所关心、熟悉的一些事例，如新闻片断、时事材料、国内外重大时事热点等，教会学生运用正确的策略去分析材料、事例，建立知识间的联系和材料间的联系，从而触发学生的灵感，培养学生科学的合乎逻辑的想象能力。应值得注意的是，教师设计的问题既不能太浅显，过于浅显不利于培养学生的想象力，又不能过难，太难学生就不敢想象。设计出来的最理想的题目应该是让学生通过跳一跳的努力，就能摘到果子。同时，设置问题应面向大多数同学，兼顾两头，让全体同学都能去深思、去分析，这样才是我们追

求的目标。

二、转换题型、转变背景，培养学生的发散思维

教育家苏霍姆林斯基说过："学生来到学校里，不仅是为了取得一份知识的行囊，更主要的是为了变得更聪明。"素质教育的核心在于培养学生的创新精神和实践能力。学生的创新能力主要指学生在掌握基本知识、基本原理的基础上，作为一个个独立的主体，充分发挥其主观能动性，善于发现、认识新的问题，并学会从多角度、全方位去观察分析同一问题。例如，我在教完初三第二单元了解祖国，爱我中华的第三课"认清基本国情中"提到"中国正处在社会主义初级阶段"后，让学生看时政资料上朱镕基总理在九届人大三次会议政府报告中对西部大开发战略的阐述，分析西部大开发的作用是什么。因为这是一个社会热点问题，在课堂上请学生展开讨论，引起了学生的极大兴趣。通过大家的激烈争论，大家发现有些问题把许多知识内容都可以包括在内：第一，体现社会主义的本质。加快中西部地区的经济发展，逐步缩小地区发展差距，实现全国经济的协调发展，最终达到共同富裕，是关系到我国跨世纪发展全局的一个重大问题。第二，体现了我国正确处理民

族问题的基本原则，即民族平等、民族团结和各民族共同
繁荣。加快西部发展，有利于巩固平等、团结、互助的社
会主义民族关系；有利于增强整个中华民族的凝聚力；有
利于实现国家统一和整个中华民族的全面复兴。第三，体
现了稳定这个前提。西部大开发既是经济发展战略，又是
社会稳定战略，是保持社会稳定和巩固边防的根本保证。
第四，体现了可持续发展战略。通过这样的训练，使学生
对问题材料的运用和解答不再局限于一个答案，而是通过
思维扩散，从不同角度、不同层次分析材料，从而突破了
思维定式，拓宽了思路，扩充了信息，达到举一反三、触
类旁通、由表及里的目的，培养了学生的发散思维。

三、逆向思维、质疑问难，培养学生的求异性思维

事物的发展总是遵循相互制约、相互推动、相互联系
的规律。所谓逆向思维，意味着不受传统观念的束缚，从
新的角度去发现科学真谛。进行逆向思维需要学生独特深
思，善于另辟蹊径，还需要转变正常的思维程序，比如遇
事不妨倒过来想一想，从结果上觅寻问题。在教学过程中
有意识地设置一些问题，从另一方面去开阔学生的思维，
就会使学生养成从正向和逆向不同的角度去认识、分析、

理解问题的习惯。这就要求教师在阐述某一原理时，允许并欢迎学生提出不同意见，甚至是相反的意见，并适时引导。通过这种正反两种观点的辩论与碰撞，我们不但获得了真理，同时还锻炼了学生思维的独特性。例如，讲授"教育既是公民的权利，又是公民的义务"时，我首先让学生看一则我国义务教育阶段辍学率一直居高不下的现实材料，让学生深思究竟采取哪些措施来制约辍学。学生首先想到的是，一方面要加大对《中华人民共和国义务教育法》的宣传力度；另一方面对辍学学生的监护人进行批评教育，或依据《中华人民共和国义务教育法》对学生的监护人进行处罚。在肯定同学们观点的同时，让学生联系周围的实际，看看自己周围同学的辍学现象。不一会儿，同学们纷纷发表各自的观点，有的同学想到了我国的教育制度，有的同学想到应取缔社会上用不正当手段吸引青少年的电子游戏厅、舞厅、录像厅、网吧等。

通过大家的讨论，学生能根据书本中已有的信息和语言知识，多角度、全方位地进行展开性和深层次的深思，理解了受教育既是公民的权利又是公民的义务。

融时政教学于初中思想政治教学

这些年由于政治学科挤进中考，尤其是时事政治也列为政治的考查内容，所以思想政治也成为贯穿于我国教育体制中的主要学科，其教育作用在于对学生进行我国基本政治制度和基本法律、基本国策的教育的同时，还对学生的价值观、人生观、道德观的树立起到重要的影响作用。在思想政治教学中，很多内容是可以在课堂上直接向学生进行教学的，但时政这一块却不能单纯地依靠课堂。时政教学内容与社会实际相吻合，如何使学生对发生在身边的国家大事、热点话题进行关注并从中获得知识，是值得政治教师进行深思的。

1. 时政教学在初中思想政治教学中的重要地位

1.1 时政教学是政治教学和实践的重要结合点

新课改后的思想政治教学教材有更多的内容与学生的

实际生活贴合度更紧密，这为学生将知识和实践结合起来提供了可能。但这种可能的实现需要一个结合点，初中学生的生活简单而又纯洁，每天忙碌于家和学校之间使他们无暇将学习的知识"应用"到实际中去，而时政的学习恰好能够弥补这个缺陷。

1.2　时政教学是学生认识社会的窗口

时政是对国家和世界的实时政务和社会热点内容的总结，学习时政在于使学生通过了解和评论时政，对身边的世界有更加深刻的认知，也就是说，时政的学习是学生将目光投向学校和家庭以外的世界的一个窗口，是为学生未来步入社会的一种准备性活动。因此，时政学习相较于其他思想政治知识，对学生来说更加具有实际作用。

2. 在初中思想政治教学中进行时政教学的策略

2.1　在课堂中使用灵活多变的教学形式进行时政教学

很多教师在进行时政教学时使用案例分析的策略，虽然这种策略有效，但是时政对学生思想发展的真正作用很难体现，因此，我在教学中采用"情景剧"的方式，将案例重现，让学生作为时政事件中的"主人公"，使他们身临其境地体会时政事件的真正含义。在情景剧中，我将《焦点访谈》《今日说法》等节目搬上讲台，请学生担任记者、主持人、嘉宾，编演案例，并且在班级里组建了固定的"剧组"，有些小组专门负责新闻报道，有些小组专门负责案例复现，等等。在学生们进行角色扮演之后，班里评比出最佳主持人奖、最佳构思奖、最佳表演奖等，使学生在思想政治课中对"时政"有了充分的理解和认识，能够通过准备角色扮演的材料、揣摩案例角色等方式对时政内容主动进行加工。

2.2　在校内组织各种"议政"活动

我们常说使学生成为学习的主人，但在具体的操作中，由于课时所限、教学内容多，真正让学生发表意见的机会并不多。因此，我利用课余时间组织了"自由论坛"，让学生在这个平台下尽情展示自己的口才，对时政事件发表自己的评论，即进行"议政"。由于"自由论坛"是由教师组织，学生自发发言的活动，因此，在这个论坛中的"时政"不仅包括了国家军政大事，还包括财经问题、社会问题和一些科学幻想等。在自由论坛中，学生在教师和同伴的鼓励下不断对时政内容进行剖析和探索，并且通过讨论互相学习、交换意见，久而久之，学生对时政的参与热情更高，对时政的分析面更广、敏感性更强。

2.3 鼓励学生积极投身于"时政实践"当中

初中思想政治中时政教学的真正目的在于使学生通过时政的学习认识社会，并从对时政的分析和深思当中领悟到正确的价值观，形成美好的思想品质。而这些教学目的的实现仅靠学校和课堂比较难以达成，因此，将时政教学和社会实践结合，将学生从学校推到社会中去，是使时政教学成为"社会之窗"的根本策略。我在奥运会期间，以《我心中最美的奥运冠军》为题，安排学生以小组合作的方式收集中国奥运军团的辉煌战绩，并把收集的资料进行全班共享，使学生们从我国奥运发展史上获得对祖国国力发展、民族荣誉感和奥运精神的理解。学生们收集到的资料角度新颖、描述细致，远比课堂上我能教给他们的多，而他们也从这种实践当中体会到了时政学习的真实作用。

3. 多种形式的时政教学的实际作用

"情景剧"的课堂活动形式充分调动了学生的积极性，通过角色扮演活动，学生们对时政要闻的总结能力变强，其分析能力和叙述能力也有所提高，现在只要一提起"情景剧"，学生们都摩掌擦拳地进行准备，可见这种课堂模式使思想政治课变得更加生动活泼，使课堂上的时政学习更具吸引力；"自由论坛"的组建给学生提供了一个自由发表言论的空间，这不仅是对学生自主学习的推动，也是对学生表达能力的培养，学生自觉组织会场、邀请教师旁听、互相辩论，使他们深深地体会到了展示自我的乐趣，同时，参与"自由论坛"也培养了学生从小关心国家大事的习惯和对自己公民权利的重视性；同样，"时政实践"不仅使学生成为"家事、国事、天下事，事事关心"的青少年，也使他们从实践中体会到了民族自豪感。

4. 结语

综上所述，初中思想政治中的时政教学对思想政治课堂发展和学生的品德和价值观的发展都具有重要的影响作用，单纯的课堂讲说并不能使学生完全体会到学习时政的乐趣和真正作用，教师应该在课堂上创新教学模式，并在课内、课外组织一些能够让学生发挥主观能动性、深入学习时政的活动，以加强时政学习对学生思想和能力培养的积极作用。

"人情往来"是礼貌还是陷阱?

案例:当前"小官巨贪"案单笔犯罪贪腐数额趋于更大

2016 年以来,广东省检察机关共办理科级以下官员"小官巨贪"涉嫌贪污贿赂 100 万元以上的案件达 148 件 201 人。同时,该类犯罪呈现单笔犯罪贪腐数额趋于更大等新趋势。

检方从近年来查办的案件中发现,"小官"长期扎根基层,关系网错综复杂,或经手收支单位大笔经费,或处于直接掌握项目管理、招投标、物资采购、工程款结算等环节的优势资源岗位,"含金量"很高,对行贿人有直接的影响力,故其收受贿赂的单笔数额更大。如广州市海珠区检察院查办的广东移动茂名分公司副经理陈某受贿案,陈某利用负责该公司项目招投标的职务便利,共收受贿赂款 530 万元,其单笔受贿数额少则 20 万元,多则 300 万元。

检方分析称，当前反腐大环境下，单人作案风险、难度较大，因而"小官"多选择集体犯罪组建利益同盟，上下级之间形成利益均沾的贪腐链条，内外勾结、一条龙作案。如佛山南海区地税局里水分局高某映、许某妮、汤某枝和曾某受贿案，四人借负责房地产过户审核、计税、二手房减免税审核等职务便利，采用放松审核程序、虚假办理临商申报个人所得税业务等方式，为中介代办人员代理的购房客户谋取利益，八年间共受贿人民币达670万元。

这些案例揭开了官商"人情往来"的冰山一角。

近年来，"人情往来"频频出自腐败分子之口。一些人受贿时，以"人情往来"为借口，便收得心安理得；案发后，以"人情往来"为开脱，似乎可以减轻几分罪责。实际上，他们是明修人情之栈道，暗度受贿之陈仓。

一些腐败分子和行贿者拿"人情往来"说事，藏匿几多玄机？说穿了，就是便于私相授受、权钱交易。一旦披上"人情往来"的魅惑外衣，送礼者便理直气壮，收礼者便冠冕堂皇。送礼者不是慈善家，大把送礼必有所图，官员如果不是紧握权柄，会有宾客云集？

所谓的"人情往来"，往往只见官员收企业的礼，却难见企业收官员的礼。如果说企业送的是看得见的礼金、礼品，官员回馈的则是看不见的礼，为送礼者谋以好处，大开方便之门。变味的"人情往来"，大开权钱交易之门，污染了政治生态和社会风气，必须进行有力整治。

官商"人情往来"的要害是权力，所以治本之策还是织密制度的笼子，切实把权力关住，封堵寻租空间，为破除交往潜规则、树立清正风气打下坚实基础。对干部而言，莫让人情往来成为腐败温床，首先就需要擦亮眼睛、站稳脚跟，不为"人情往来"迷失方向。

"人情往来"是陷阱，为官者不可不慎。面对纷繁的物质利益，要做到君子之交淡如水，正如总书记指出的，"官""商"交往要有道，不要勾肩搭背、不分彼此，要划出公私分明的界限。公务人员和领导干部要守住底线，"心中要有敬畏，知道什么是高压线，想都不要想，一触即跳，才能守得住底线"。

身为公仆，不可没有人情味，更不可没有原则性。深情须用在群众身上，让群众感受到权力的温度。与方方面面的人打交道，更需要厘清并守住礼与贿、情与法的边界。只有敬畏法治、敬畏百姓，才不会沉迷于不正常的"人情往来"，也不为畸形之魔所驱使，这是为政者立身处世的根本所在，也是政治生态得以净化的希望所在。

可见，现在官商之间的所谓"人情往来"只不过是收受贿赂的借口，它不再是礼貌，而是陷阱！鉴于此呼吁人民的公仆们远离"人情往来"吧！

浅析学生良好自我意象的培养之法

在中考这一指挥棒下，很多老师都会发现一个非常普遍的现象：一个孩子假若几次数学考试不及格，他便会认为自己没有学数学的天分，果然，他后来的学习，数学成绩一直不是很好，甚至可以说比较差；一个孩子假若认为自己五音不全，没有学习音乐的天分，决不可能将歌唱好，将舞跳好，那么生活中就会证明确实如此……那么，为什么会出现这样的现象呢？

其实，这一切大都是由人的自我意象所决定的。自我意象是心理学和个性创造领域的一大突破，也是 20 世纪最重要的心理学发现，它就是我们经常对自己持有的一种自我观念——"我属于哪种人"，它建立在我们的自我信念之上，是左右人的个性和行为的真正关键，是人类个性和行为的关键。而人的所有行为、感情、举止，甚至才能，永远与自我意象相一致。简而言之，你把自己想象成什么样的人，你就会按某种人的标准去行事，你就会成为怎样子的人。比如：当你想象自己是一个失败型的人时，那么，尽管你有良好的愿望、顽强的意志力，甚至于机遇也完全对你有益，你还是会不断地寻找各种环境、各种理由来证实自己的失败。就拿一个因几次数学考试不及格的孩子来说吧，就是因为他把自己想象成一个没有学数学的天分的人，在学习中，他会处处找到自己不适合学习数学的例子，这样就致使他的数学成绩一直不是很理想。

而当你想象自己是一个成功型的人时，你也会很自然地发现，自己很多时候都是生活中的成功者，并且可以从生活中找出各种各样的理由去自圆其说"我是一个成功者"。在教学中，我们可以发现某位学生起先可能并不出色，但他从不言败，总是从容不迫，他总有一天会证明自己是一个成功者。

由此可见，人的自我意象是至关重要的，他会直接或间接地影响到某件事的结果，甚至于人一生的命运。在这样一个以"素质教育"为主题的社会教育大环境中，要使受教育者做到"全面、充分、和谐发展"，应该从更广、更全面的角度上看待受教育者所受的教育是多层次的、多方位的。学校的教学当然是起主导作用，但只能是其中一个重要组成部分。学生来自社会，来自各个家庭，他们必将受到社会、家庭的影响，他们自我意象的形成也必然带有社会和家庭的痕迹。从痕迹中显现出来的有积极的，有消极的，有合理的，有不当的。因此，我们可以知道，对人的自我意象的培养是至关重要的，而在两年的教学中，我更体会到良好自我意象的培养对孩子而言尤为重要，因为"这个世界的未来是属于孩子的"，那么怎样去培养学生良好的自我意象呢？为此我做了以下几个方面的探讨：

一、树立正确的家庭教育新观念，形成良好的自我意象。能否确立正确的家庭教育新观念，是关系家庭教育成败得失的大事。正确的家庭教育新观念也是学生形成良好自我意象的前提条件。当前科学技术日新月异，经济发展步伐加快，社会现象纷繁复杂，良莠并存。而年纪尚幼的孩子正处在生理、心理不稳定而可塑性强的特殊时期，他们对社会生活有可能难辨好恶、优劣、真伪、美丑，因此，父母在孩子成长的关键时期，拥有正确的家庭教育新观念至关重要，那么如何去树立正确的家庭教育新观念，培养孩子良好的自我意象呢？

一是要帮助他们树立正确的人生观、价值观。父母是孩子的第一任老师，对孩子而言，父母是"真理的象征"，是"正确的代名词"，对孩子有着直接或间接的影响。因此父母从小就要教育孩子树立正确的人生观、世界观、价值观和遵纪守法观念。在发展社会主义市场经济的条件下，对孩子尤其要提倡为人民服务和集体主义精神的教育，提倡尊重人、关心人、热爱集体、热心公益、扶贫帮困、为人民为社会多做好事的教育，要教孩子树立人生的价值在于奉献的信念，反对和抵制拜金主义、享受主义和个人主义。

二是要培养孩子应有的自信心。孩子是祖国的未来，民族的希望。纵观现实，一些孩子依赖性强，碰到困难手足无措，胸无良策，丧失克服困难和解决问题的勇气，一个重要的原因就是缺乏自信心。自信是事业成功的前提，是克服现实困难的钥匙。可见，开展对孩子的自信心教育切不可忽视。教育孩子要做勇敢的自信者，以自信给孩子胆识，以自信给孩子激情，以自信给孩子坚不可摧的精神支柱。

三是要加强对孩子的自尊教育。孩子对社会现象的评判缺乏鉴别力，家长就需要教育孩子追求高尚的道德情操，强化自尊意识，加固思想防线，着力提高孩子的思想境界，用自尊的力量激发孩子的积极进取热情，做好事的荣誉感，做坏事的羞辱感，使孩子知耻而后勇，避免出现自暴自弃的恶性循环。

二、力求提高教师的个人素养，形成良好的自我意象。模仿是中学生的天性，是中学生的一个显著的学习方式，教师的思想行为，对待事物的态度，都直接或间接地影响着学生。教师是学生心目中的榜样和楷模，有时父母说的话，孩子不一定会听，但却肯听教师的话。教师在学生心目中往往是很神圣的，小学阶段，学生除了向书本学习之外，主要是向教师学习，在他们的心目中，教师的话就是真理，教师的言行就是道德标准，教师是智慧的象征，是高尚人格的化身。教师的思想、行为、品质，无时无刻不在感染、熏陶、影响着学生。孩子的模仿性和可塑性都很强，教师的一言一行，学生耳濡目染，往往起到了"润物细无声"的作用。

政治共识在政治课中的大功用

政治共识是指政治共同体内成员通过共同的历史记忆和认识对政治系统的基本理念、价值目标和程序规则所形成的认同。政治共识存在理念共识、价值共识和程序共识三个不同的考察维度和实现路径。当前我国政治共识的实现路径可以从以"中国梦"为理念共识、以"社会主义核心价值体系建设"为价值共识和以"社会主义协商制度"为程序共识三个维度考察。

当前我国正处于现代化建设中，现代化变革给现代社会所带来的震荡无疑不同程度地影响着我国社会的发展。新时期，特别是改革开放以来，为有序推进社会主义现代化进程，消除现代化浪潮所带来的社会过度分化等负面影响，中国带领全国各族人民在改革的新征程中不断寻求共识、凝聚共识。因此，深刻认识当前中国特色社会主义发展道路中政治共识生成的路径，对全面建成小康社会，加快推进社会主义现代化，实现中华民族伟大复兴，都有重要的现实作用。

一、政治共识的内涵

现代化是一个动态的过程，意味着人类社会政治、经济、文化等领域的整体性的历史变革。现代化的发生不仅使传统社会结构体系式微和解体，使新的社会结构体系得以建立和发展，而且也为现代社会勾勒了一幅复杂的新图景：现代社会是一个高度分化和普遍要求化的社会，在社会领域广泛存在着性别、人种、信仰、等级、文化等方面的差异，排斥、依附和支配、边缘化、身份认同等诸方面的对抗，意味着大量的实质性冲突，社会不是同一性基础上的实体，任何强调不可谈判的实质一致性的办法只能进一步导致排斥和敌对。这一图景所彰显的是社会价值观念体系由一元主义逐渐向多元主义的过渡，也就是说，现代社会发展必须面对理性多元——异见或分歧——的事实。针对理性多元论的事实，现代政治理论家提出了多种疗救方案，如罗尔斯的"重叠共识"理论、哈贝马斯的"商谈共识"理论等，试图在充斥着分歧的社会中寻求共识，实现多元合作、多元共赢。

一般而言，共识是指"在一定的时代生活在一定的地理环境中的人们共有的一系列信念、价值观念和规范准则"。共识并不排除异见或分歧，李普塞特甚至认为"研究推动的条件，必须把重点放在分歧和共识的根源上"，但"如果没有一些得到广泛接受的价值观念的规范准则，社会和政治组织就都不可能存在"。换言之，共识是社会和政治组织存在和发展的基础。社会稳定发展依赖于共同体内成员思想上的统一和共识。政治共识是共识的一般在政治领域的具体表现。

二、当前我国实现政治共识之路径分析

中国在改革进程中逐渐完善和丰富政治、经济等建设中所形成的一系列制度设计和制度安排，不断凝聚政治共识。党的十八大报告以及新一届领导集体在总结和发展前几代领导集体理论的基础上继续探索当前凝聚中国政治共识的实现路径，即形成以"中国梦"为理念共识、以"社会主义核心价值体系建设"为价值共识和以"社会主义协商制度"为程序共识的三位一体的实现政治共识的路径。

1. 理念共识："中国梦"是中国人民的共同信念。

现代社会是一个高度分工协作，有高度不确定性的复杂系统，而高度整合又是现代社会稳定有序发展的重要且亟需解决的现实要求。改革开放以来，伴随现代化步伐的加快，我国社会正处于体制转型变革时期，利益格局非均衡化、利益阶层多元化等业已形成，即作为现代化的主体

已然必须面对利益多元的矛盾或冲突的事实。从横向来看，现代化的主体结构由国家、社会、个人三部分构成。国家、社会、个人是现代化中三个平等的主体，都有各自的利益诉求。因此，国家利益、社会利益与个人利益构成了多元利益结构。这些利益能够调和并实现统一是国家现代化健康发展的重要前提，也关系到我国社会主义现代化建设事业的发展。因此，现代化客观上需要主体之间通过寻求共识达成合作。

政治现代化是现代化的重要组成部分，政治共识是政治现代化发展的重要前提。"在中国政治现代化动力结构从一元化走向多元化的同时，并不意味着政治现代化的必定加速，理由是，政治现代化是否能加速还要看多元化的动力之间形成怎样的结构，即各动力之间形成相互推动的正相关关系，还是形成互相阻碍的负相关关系。"换言之，政治现代化的加速需要国家、社会、个人三者之间形成相互推动的正相关关系，即各主体之间达成某种政治共识。因此，寻求现代化动力结构中不同层次主体之间互相推动、共同行动是现代化正向发展的首要因素。而理念共识是政治共识的重要基础。故而，破解现代化正向发展难题的前提是寻求理念共识。恩格斯认为，"政治改革第一次宣布人类今后不应该再通过强制即政治的手段，而应该通过利益即社会的手段联合起来。它以这个新原则为社会的运动奠定了基础"。因此，理念共识可以通过利益整合的途径达成

"人类的联合"，即形成利益共同体，继而通过利益共同体这一中介环节实现政治共识。

"中国梦"是以习近平同志为核心的党的新一届领导集体在对我国历史和现阶段国情正确判断的基础上提出的重要指导理念，是当前引导全国各族人民共同行动的共识理念。从国家利益角度来看，"中国梦"指的是国家富强、民族复兴；从社会利益角度来看，"中国梦"指的是社会和谐；从个人利益角度看，习近平同志在十二届全国人大一次会议闭幕会上发表的重要讲话中指出："'中国梦'归根到底是人民的梦，必须紧紧依靠人民来实现，必须不断为人民造福。"这也是"中国梦"的出发点和落脚点。应该看到，不论是国家利益、社会利益还是个人利益，都是中国整体利益的重要组成部分，它们能否实现关乎国家兴衰、人民幸福、社会稳定与团结以及中国整体利益最终的实现。因此，从马克思、恩格斯的利益观点出发，"中国梦"实质上是将国家、社会与个人的利益紧密联系在一起，在国家利益、民族利益和人民利益统一的基础上实现了"国家梦""民族梦"和"人民梦"高度统一，这样，又将国家、社会与个人在理念共识的基础上建构成一个共同行动的共同体，最终统一到由中国领导的走中国特色社会主义政治发展道路的选择上来，即达成政治共识。"中国梦""在某种程度上折射出党的新一届领导集体关于中国社会未来走向的高度关注与人民群众现实生活追求的紧密结合与高度共鸣，其深刻彰显了进一步推进中国特色社会主义、实现中华民族伟大历史复兴与不断趋向共产主义最高理想的现实呼唤度与高度凝聚力"。总的看来，"中国梦"以其丰富的精神向度和所蕴含的美好愿景，不仅为处于现代化的中国人民和社会铸就了一个切实可行的共同奋斗目标，而且为当前我国政治共识生成提供了重要的理念共识基础。

2. 价值共识：社会主义核心价值体系的引领。

价值具有很强的主体性向度。人们在认识和实践活动中所形成的观点和态度即价值观不尽相同。"当今时代，无论是就整个世界还是国内社会而言，价值差异、价值多元化的存在都是一个不争的事实。一当面对和解答现实理由时，人们并不满足于一种价值差异和多元的'怎么都行'的状态，而总是要去寻找价值共识，尽管较之以往时代此一努力更为困难。"在这一复杂的背景下，为化解这一难题，党的十六届六中全会第一次提出"社会主义核心价值体系"的重大命题。十七大明确了推进社会主义核心价值体系建设的任务，增强了社会主义意识形态的吸引力和凝聚力。十八大报告不仅提出了新要求新部署，即"要深入开展社会主义核心价值体系学习教育，用社会主义核心价值体系引领社会思潮、凝聚社会共识"，而且将社会主义核心价值体系的内容从国家、社会和个人三个层面分别凝练为"富强、民主、文明、和谐""自由、平等、公正、法治""爱国、敬业、诚信、友善"。价值共识是政治共识的重要保障，那么，社会主义核心价值体系何以能够引领价值共识，从而为政治共识的形成提供保障呢？

当代西方学者关于是否能达成价值共识存在两种论争。一是多元主义论者持守不同文化之间不存在可通约性或可公度性的观点，认为价值共识是无法达成的。如柏林倾向于认为，不同语言、文化、范式之间的共识，尤其是价值共识是不可能的。虽然多元主义论者认为价值共识无法达成，但柏林仍认为最低限度的价值共识还是存在的："在漫长的时间历程中，不同社会的人们早已有过大量的广泛的共识。当然，不同的传统、看法、态度或有合情合理的差异；人的需求无穷尽，然而基本的原则可以超越其上。""归根结底，这并不纯粹是一个主观判断的理由……普遍的价值即便不多，最低限度总是有的，没有它，人类社会就无法存活。今天，很少会有人为了追求快乐、利益甚至是政治的优良，去为奴隶制、杀人祭神、纳粹的燃烧弹或者肉体的刑讯辩护；不会再像法国和俄国革命时所主张的那样，赞同子女有公开抨击其父母的责任；更不会认可无情的杀戮。在这一理由上妥协，是没有正当理由的。"二是与多元主义论者持相反的观点，这些学者认识到多元文化的现实困境背景下达成价值共识的确存在困难，但他们仍不懈努力试图建构一套疗救方案，以使价值共识成为可能，如罗尔斯的"重叠共识"理论、哈贝马斯的"商谈共识"

理论。

从社会结构角度分析，经济、政治及社会等不同领域的改革不仅使各领域之间及其内部存在冲突，而且也带来社会的分化，价值追求的多元化，从而造成价值差异或矛盾。虽然人类社会的发展总是在矛盾曲折中不断前进，因而这些冲突、差异或矛盾属正常现象，但这些现象与社会主义的价值要求不相符，与和谐社会建设的目标不相符。化解这一难题的根本，是在各领域所追求的价值之上建构一套富有成效的价值引导体系，以期形成价值共识。

构建价值引导体系的关键是构建核心价值观。多元价值观与核心价值观之间是共性与个性的关系，是矛盾的普遍性与特殊性的具体呈现。从价值观的内容来看，核心价值观寓于多元价值观之中，是多元价值观的个性体现，是多元价值观中的一元。因此，核心价值观本身隐含着对多元价值观的承认，不论核心价值观还是其他价值观都作为平等的主体而共存。从价值观的地位与作用来看，核心价值观是"居于多元价值观的核心地位、对多元价值观发挥主导作用的一元价值观，在这里，一元价值观对其他各种价值观起着导向和支配作用"。因此，"价值追求从事实存在来说是多元的，从主要差异或矛盾来说又常常呈现为二元的；从实际的主流和支配趋势来说又常常是一元的"。从价值观的功能来看，处于主流和支配地位的核心价值观具有引导整合多元价值观的功能，通过宣传、教育的方式使社会大众普遍接受，并逐渐内化至大众的政治心理结构层面，成为大众日常判断标尺和行动指南，从而有利于消解多元价值观带来的利益冲突，将大众凝聚到中国特色社会主义事业的建设和发展中。因此，"政治共识的核心价值观从来都不是自发形成，而是由国家有意识地构建和推广的"。

显然，社会主义核心价值观是当前我国社会主义价值目标中占主流和支配趋势及地位的价值观，是社会主义核心价值体系的核心内核。建构社会主义核心价值体系，就是顺应社会主义建设和发展的需要，在多元化利益格局中引领符合时代精神的社会主义价值观的形成，并在此基础上达成价值共识，为政治共识的形成提供重要保障。

3. 程序共识：社会主义协商制度的确立。"与传统的专制政治和无序政治相比较，现代政治是一种程序政治"，"程序通过规则而明确，所以它是可以设计的"。在程序政治中，来自不同阶层、代表不同利益的公民被纳入一个可以平等对话的平台，通过协商的方式解决问题。因而，如果说理念共识、价值共识是从抽象层面为实现政治共识提供基础和保障，那么，程序共识则是从具体可操作的制度层面为实现政治共识提供源泉。

协商是一种新的理论，主要兴起于 20 世纪后期，是基于现代社会发展面对的理性多元的社会场景的困境中人们如何达成共识这一背景提出的，其理论预设的旨趣和政治实践的目标在于使多元主体通过协商的方式对立法、决策、制度等形成共识。从这个作用上说，协商是对传统自由理论尤其是代议制理论在现代政治实践中的修正，是对参与理论的发展和超越。

差异化初中政治教学的合理应用

摘　要： 初中学生的品德修养多数借助于初中政治课程的教学，而这一学科的开设还是培养中学生综合素质的重要渠道，对中学生的价值趋向、人格完善起到推动作用。然而，传统概念的下的政治教学，多数采用了强迫记忆的方式，使得学生对政治课程的认识停留在一个抽象、乏味、难以接受的状态。在这种状态下进行教学，学生的学习兴趣和对知识的认知程度便可想而知了。如何来提高学生的积极性，怎样实现学生全面均衡发展，已成为教师关注的重要问题。本文从政治课程的特点出发，提出了学生差异化培养的目标，论述了回归生活对政治课程教学的重要性，并实践性地把政治观点迁移与拓展到其他学科中，为推动中学生的全面发展打下了良好的基础。

关键字： 初中政治教学　差异化　回归生活

一、在差异化教学策略中提高学生学习的主动性

　　传统的初中政治课程教学中，教师衡量学生优秀的标志是学生对政治知识的识记程度，也正是教师这种过于对政治课程知识性的定位，使得学生对政治课程的学习陷入了单一的状态中，也就出现了传统作用下的"灌输式、填鸭式"教学的方式。然而，我们必须意识到，此类教学策略的运用，不但忽视了对学生思维以及探索能力方面的培养，而且影响到了政治课堂结构的改革，成为课堂教学内容、策略及组织形式改革和优化的制约瓶颈。

　　差异化教学策略的实质是以新课改提出的因材施教作为基础理论，突破性地把学生进行"分类"，"分类"的真正目的在于对学生分层次地开展教学。也就是说，为不同层次的学生制定不同的学习目标和学习策略，让每个学生都能在对政治知识了解的基础之上获得新的提高，让每个学生都能在自己的"提高区"体验自己的成长，从而提高每个学生学习政治的兴趣。比如，在讲"公民的义务和权利"一课时，教师首先要明确课堂的教学目标，是通过学生对公民义务和权利一致性的学习，让学生养成自觉履行义务的能力，通过理论联系实际，培养学生归纳和分析问

题的能力。教学目标明确后，教师根据学生不同的理解能力和理解方式，制定出不同的学习策略。教师可以采用故事的形式吸引学生的注意力、应用哲理的形式感染学生、应用感性与理性的结合深化学生对该课堂知识认识的深度等。不管采用哪种方式，最终的教学目标只有一个，转变的只是学生对知识的获得的方式。

政治课程差异化的教学方式的基础得益于学生的自主学习，自主学习体现的是学生学习的"主角"位置，以及教师从"保姆型"到"自由型"角色的转变。自主学习倡导的是把更多的学习时间留给学生，把更多的发挥空间还给学生的教学的理念。比如，我们提到的"公民的义务和权利"一课，在讲这一课前，学生肯定先要知道，公民的含义，权利和义务的含义，如果单纯地靠教师用抽象的文字去论述两者的定义，那么学生对两者的定义的理解便在无形中增加了约束成分。但是，作为政治教师要意识到，政治知识只是学生学习的基础素材，高效的学习策略才是学生受益终生的关键所在。因此，教师不妨把学习的时间让学生自己来掌握，让每个学生不同的理解能力和不同的思维模式都能得到开发。最后，让学生自己去"说"对政治知识和观点的认识。这样一来，不但转变了学生被动接受知识的状态，而且还展示了学生对知识的驾驭能力，从而让学生在主动学习中，体会到了收获的快乐，为调动学生学习政治的积极性打下了良好的基础。此外，学生自主学习的结果，也给教师下一步的教学目标的确立提供第一手资料。

二、回归生活，让政治理论及时得到实践

政治知识学习的内在作用在于潜移默化中对学生综合素质、身心修养、价值观念的影响。众所周知，中学生正处在人生发展的重要阶段，对自己人生的发展定位尚处在"雏形期"，因此，如何让政治知识发挥出特有的导向和基础作用，将对学生的成长产生重要的影响。基于此，文章提出了让政治课堂回归生活的教学理念。也就是说，在教学过程中，巧设生活场景，用生活化的思路去叩开学生的理解的闸门，从而培养学生对于政治知识的发散性思维。

我们知道，每一个政治观点都是在事实中总结归纳出来的，我们如果单纯地在知识的关键字眼方面去开展教学，将会使学生对政治知识的理解变得抽象，反过来讲，我们用生活中的事实去验证观点，也就是运用不同的"数据"去倒推一个"数学等式"，那么这个政治观点将会变得真实，学生对知识的理解程度也会更加深刻。例如在讲"正确认识自我"一课时，教师可以把课堂模拟成一场综合性的拓展活动，比如可以播放《我相信》等带有激励作用的歌曲等，来营造一种挑战自我的气氛，然后，教师可以出

一些带有政治观点的题目，让学生用自己实际生活的例子进行回答，教师对学生的回答加以评论。在这个过程中，学生不但学到了课堂的知识，而且还对自己平时生活中的表现做了比较准确的定位。可见教学过程中生活场景化生活片段的引入，增加了学生与课堂的粘着力，使课堂气氛一直处在活跃的状态，提高了教学质量。

三、政治知识点的迁移、拓展教学法

众所周知，政治知识是学生的思想支柱，是开展其他学科学习的基础之一。政治知识点的迁移与拓展的教学法，是以政治知识的网络构建为基础的，因此作为教师首先要帮助学生构建一个比较系统和全面的基础知识的结构框架，让学生具备知识点的迁移与拓展的结构脉络。然后采用关联发散思维的方式重新编排教学内容，从学生认知的发展模式出发，提出知识拓展的方向。例如，在讲"正常情绪"一课时，教师可以发出这样的提问："情绪的影响因素有哪些？""当人产生情绪时，人的身体各部分将发生什么变化？"这样，通过政治知识与生物知识的结合，让学生对政治知识的了解更加深刻，对生物知识也有了突破性的认识。

总结：

新的课程改革背景的政治课堂，教学策略只是可被定义为教师培养学生的一种手段，学生懂得高效的学习策略和掌握对人生的认知规律才是政治教学的最终目的。因此，在政治课程的教学过程中，要本着"因材施教"的教学目标，对学生开展层次教学，通过对学生差异化培养让学生一起进步，共同提高；要善于应用生活中的素材，深化政治知识，让学生懂得学习与实践结合的学习策略；要给学生提供知识迁移与拓展的方向，从而推动学生学习全面进步与发展。

初中男女同学正确交往之辩论会

活动背景：当今初中学生正处于生理和心理成长的关键时期，部分同学因受社会、家庭的影响，不能正确对待男女同学之间的同学友谊，基于这些，通过班会活动，让大家充分发言，展开讨论，认识到这种现象的危害，从而端正思想、珍惜友谊，全身心地投入学习，最终成为社会的有用人才。

活动目的：

1. 通过活动，让同学们认识到初中生男女同学之间互相交往的必要性。

2. 通过活动，让同学们认识到不正常的男女同学交往的危害。

3. 帮助同学树立远大理想，摒弃错误认识，珍惜纯真友谊。

活动器具：扩音机、麦克风、鼓、传花球，"珍爱友谊、共创辉煌"横幅，奖品（笔记本、钢笔、笔袋）奖项（"幸运之星"一个，男、女生辩论能手2个，表演奖2个）

活动方式：以讨论为主，辅以活动，让学生从感性认识上升到理性认识。

活动时间：1 课时

活动程序和内容：

一、准备活动阶段

1. 教师起唱，师生齐唱《同一首歌》这首歌。

2. 活动导入：

师：我们来自不同的家庭，为着一个共同的目标——实现自己的人生理想，走到了一起，我们大家共同学习和生活，并建立了纯真的同学友谊。而正当我们准备在人生最灿烂的花季谱写壮丽篇章的时候，有些同学的思想上却发生了微妙的变化，在异性同学的交往上不能正确对待，从而贻误了自己的青春，荒废了学业，下面，请欣赏小品。

二、展开活动阶段

（一）第一阶段：观看、讨论小品中的案例。

1. 掌声请出表演小品的同学，组织同学欣赏这个由现实生活改编而成的一个关于异性同学交往不正常的小品。

2. 师：同学们，大家看了刚才精彩的小品有什么感想呢？请对小品中的男女同学、家长、教师的所作所为发表一下自己的看法和意见。

①前后左右四人一组自由讨论。

②由同学自动举手发言。

（二）第二阶段：击鼓传花，选问回答，评选"幸运之星"。

1. 师：现在我们来做一个游戏——击鼓传花，由一位同学背对同学们击鼓，同学们传递花球，鼓声停下来，就由手持花球的同学来选择问题并自己回答，回答准确并具体详细，就可能评为今晚上的"幸运之星"哟！

2. 同学们进行"击鼓传花"游戏。

3. 有以下 10 个题号可供选择，选题的同学选中哪个题号就回答对应的问题。

（1）男女同学之间可不可以交往？为什么？

（2）你认为哪些行为和表现算是男女同学交往不正常？

（3）如果你有异性同学交往不正常现象，你打算怎么办？怎样妥善处理与对方的关系？

（4）你认为老师和家长该怎样处理自己学生和子女出现的男女交往不正常现象？

（5）我们来校读书的目的是什么？你有什么样的理想？你认为怎样才能实现自己的理想？

（6）你认为男女交往不正常有好处吗？那又会有哪些危害呢？

（7）请你谈谈哪些表现和行为是男女同学之间的正常交往。

（8）假如有一天，有一位异性同学向你递来神秘纸条或向你提出不正常交往的要求，你会怎么想，怎么做？

（9）请你谈谈造成初中学生男女交往不正常的原因有哪些，该怎样克服。

（10）你身边的同学中间有男女同学交往不正常的现象吗？如果有，你打算怎么做？

4. 师：我们刚才有10位幸运同学分别回答了上面的10个问题，发表了自己的观点和看法。现在，我们来评出今晚最受欢迎的"幸运之星"。

5. 为最优秀的同学颁发"幸运之星"特优笔记本一个，其余9位同学奖励小笔记本，以资鼓励。

（三）第三阶段：总结，联合签名，宣读誓言。

1. 师：同学们，其实正常的男女同学之间的交往不仅是应该的，而且是必要的。它是人性真、善、美的体现，它是增进男女同学间互相沟通和了解的桥梁。但不正常的男女交往则是有害无益，既害己又害人，它是对纯真无邪的同学友谊的玷污和亵渎。难道我们甘心让它来破坏吗？当然不能够。纯洁的同学友谊是一杯琼浆玉液，需要我们用真诚和热情去酿造，如果一不小心，它就会变味，甚至变质；纯真的同学友谊是一株常青之树，需要我们用理解和诚信去培育，如果稍不留意，它就会枯萎。所以，我们大家应该团结起来，共同用心地呵护和珍惜这份来之不易的友谊，维护好校园这一方友谊的净土吧！大家说好吗？好，那么现在让我们在这幅"珍爱友谊、共创辉煌"的横幅上庄严地签下自己的名字，做一名维护纯真友谊的先头兵，以实际行动来实践自己的承诺吧！

2. 老师起唱，师生齐唱《友谊地久天长》这首世界名曲。同学们边唱边到讲台前的条幅上签名。

3. 把这张师生签名的横幅贴到教室后面的黑板报的上面，以时刻鞭策师生的言行。

4. 师：同学们，让我们现在来宣誓，共同维护纯真友谊，大家愿不愿意？那么，同学们，请全体起立，向后转，面对着后面的签名，举起右手，握紧拳头，昂首挺胸，跟我宣读誓言：

我宣誓：我志愿做一名排头兵，珍惜纯真友谊，与不良行为作斗争。集中精力，好好学习，做一名品学兼优的好学生，以自己的实际行动，来履行和检验自己的诺言！

三、自编相声：我们只是好朋友

四、结束活动阶段

师：结束后，请大家以《我谈男女同学间的交往》为题，写一篇自我感受的作文，把自己的看法和意见写到文章中去。并且大家要在以后的学习生活中时刻警醒自己，与不正常的男女交往现象作斗争，走好自己人生的关键一步，最终实现自己的崇高理想。

好，这节课就上到这里，下课！

中学生思想品德评价的"三原则"

由于种种原因，对于学生的思想品德的评价一直没有一个正确的标准和系统的、科学的评估方式。我认为遵循这三个原则可以解决这一弊端。

一、"循序渐进，知行统一"的原则

培养品德集中到一点，就是要落实到道德行为上。道德行为总是要通过一定的方式表现出来，正确的行为方式才会带来良好的行为效果，中学生对行为的理解具有很大的具体性和情境性。因此我们在对中学生进行道德评价时，必须针对各年级道德认识的能力，由浅入深、由初级到高级、由概念到行为，制定出不同程度的评价标准（我们称它为"思想品德评估导向标"），为他们创设道德情境（条件），有计划、有目的地使他们得到道德行为反复训练的机会，逐步形成正确的观念和行为习惯。

二、"激励为主，处罚为辅"的原则

中学生品德的发展，经历了一个由非意志行动向意志行动转化的过程，中学生的道德言行内容简单，直接与外界（教师、家长等）的褒贬有着密切的关系，所以在评价时要做到确切、合理，把不断调动学生的积极性、培养良好的道德意志作为出发点，在设计"评估导向标"时对不同年级的评价标准应有侧重点，有适当的坡度和必要的反复，允许学生一次做不到，下次再重做，培养他们的自觉性，变"要我做"为"我要做"。

评价中学生的道德行为，既要以激励为主，也要给予必要的处罚，但一定要讲清道理，使其明白错在哪里，为什么错了，应该怎样去做才对。在使用"评估导向标"时对犯了错误的学生进行适当的处罚，就是引导他限期（下次自我评价前）改正错误，重新做起，然后给予登记。

三、"以身作则，以情感人"的原则

一个人的情感，在一定条件下可以感染别人，使对方产生相同或与之有联系的情感，这就是情感的感染性。

在进行思想品德评价中，教师要针对中学生思想敏捷、接受新事物快、模仿性强、可塑性大的心理特征，一方面要用自己对学生高度热爱的情感去感染学生，使他"亲其师，信其道"；另一方面又要用自己具有丰富道德情感的形象对学生起示范作用，所以在引导学生评价中要严格作好教师的自我评价，要求每一个教师用教师的职业道德衡量、要求自己，在平时的日常生活中要注意自己的仪表和行为，注意自己对社会、对他人、对学生的评价语言。要求学生做到的自己首先要做到，要勇于自我批评，诚心诚意地、民主地接受学生对自己的评价，这样，才能做好学生的表率，不愧"为人师表"，引起学生思想上的共鸣，起到感染、教育学生的作用。

第二编 师德方面

爱的付出

南宋志南和尚曾写诗赞道"吹面不寒杨柳风"，的确春风拂面，给人一种温暖和煦的感受，而在学生心中，老师的爱就是春风，可以唤醒、温暖孩子的心田。所以我觉得作为一名老师，你如果播撒了爱的芬芳，就一定会收获爱的甘甜。

我是一名普通的年轻教师，拥有许多幸福的时刻。校园小路上，一声甜甜的"老师好"是我的幸福；课堂上，一张张笑脸是我的幸福；新年之际，一封封贺卡是我的幸福……当我拥有这一切时，我为之感动，也为之欣慰，因为我的付出有了回报，我播下爱的种子，收获了爱的花朵。

曾记得有一次我的政治课上，一位调皮的男生总是东张西望，心不在焉。我走过去，轻轻地告诉他：老师希望看到你的头脑和思维能活跃在课堂答疑上。他的脸红了，也笑了，然后低下了头，捧起了书本。看来，宽容不是纵容，只是为了给孩子一个自我修正的空间，这更有利于他们的成长。

曾记得，那一次收查班级周记，一位男生悄悄塞给我他写的一篇反映自己情感困惑的日记。我读后写了这样的一句话：爱情是一朵美丽的花，但只有到应当开放的时节才能绽放最美的风采。也许是我的真诚让他觉得可以信任，课余时，他主动和我谈心，要求我为他指点迷津。我与他交流了很长时间，从他后来的精神状态看，取得了很好的效果，而且他的成绩也稳步提升了。看来，真诚与信任是最好的沟通桥梁。

曾记得，那一天课间，一位很孤僻的小女生痛苦地趴在桌上，大汗淋漓，原来病魔侵扰着她。我二话没说，背她去了医务室，在医务室老师的建议下，我又背着她上了医院，进行了及时的治疗，而且在第一时间打电话通知她的父母，之后她对我无话不说。看来，热情与关爱，是最好的催化剂，可以融化一切坚冰。

…………

宽容是爱，真诚是爱，热情是爱……爱，如一条条金色的丝线，穿梭在我和学生的心灵中间，发散着动人的光彩。

　　于是，孩子们把许多心里话全说给我听，甚至称我为"姐姐"或者"妈妈"。我万分感动，因为这是一份多么深厚的爱呀！

　　感谢教师这一神圣的职业，让我可以与学生进行心灵的约会，一起接受爱的洗礼；感谢这小小的三尺讲台，让我可以促开智慧的花蕾，收获情感的果实。

　　爱，是永恒的主题；教师，是我无悔的选择；付出，是教师的风范！

粉笔人生最光荣

古人曾云人生四大幸事："久旱逢甘霖，他乡遇故知。洞房花烛夜，金榜题名时。"

而我却认为，老师最幸福的就是桃李满天下，社会充栋梁。

三寸粉笔虽然没有什么神奇的魔力，却能勾画出人间冷暖、天地方圆，我爱这三寸粉笔，尽情挥洒，孜孜以求，传递着信息文明。三尺讲台是我驰骋沙场的沃野，一块黑板是我梳妆的镜子。手拿三寸粉笔，站在这三尺讲台上，我自豪，我荣幸。因为现代教学改革给了我实施素质教育的广阔天空，我尝试着奉献出爱心一片，让我的学生感受到沁人心脾的一阵阵芳香，带领孩子们攀登着一座座科学的高峰，透视着科学领域的广阔视野，我手拿三寸粉笔，稳站三尺讲台，为学生们传道授业解惑。

"衣带渐宽终不悔，为伊消得人憔悴"，这是王国维诗评时曾谈到过的最高境界，而我认为这更是教师为人师表的最高境界。教师这一神圣的职业，不为名、不为利，只为这些天真无邪的学生。所以我下决心要把这阵地守好，不求轰轰烈烈，但求踏踏实实；不求涓滴相报，但求人生无悔。

三寸粉笔是我手中的钢枪，三尺讲台是我坚守的阵地，伟大的教育家陶行知先生曾经说过，"你的教鞭下有瓦特，你的冷眼里有牛顿，你的讥笑中有爱迪生"。为了祖国未来无数的瓦特、牛顿、爱迪生，我将满腔的爱心与温情赋予了我的学生，学生们产生厌学情绪，我动之以情；学生犯了错误，我晓之以理。多少个夜晚，当家人被精彩的电视节目吸引的时候，我还在灯下认真地备课、批改；当启明星还眨着眼睛流连于清晨时，我已经走出家门，奔向我的阵地。因为我坚信，每个孩子的心灵都是一颗纯净的种子，都会在教师爱的沐浴下，长成参天大树；每一双稚嫩的脚步都会在教师爱的牵引下，变成我们民族巨龙的鳞爪，也正因为如此，我吃苦受累，甘受其乐。

有一首诗最为动人，那就是师德；有一种人生最为美丽，那就是老师；有一种风景最为亮丽，那就是师魂；有一种魔棒最为神奇，那就是粉笔；有一种平台最为神圣，那就是讲台。所以我说："粉笔人生最光荣。"

三寸粉笔写出人生风流，三尺讲台化作千顷苗圃。我既然选择了老师这一高尚的职业，那就应该淡泊名利，安贫乐道，做好两袖清风的准备。

我们只要拿稳三寸粉笔，站稳三尺讲台，用心血与汗水去浇注祖国的花朵，就能让种子发芽，让桃李芬芳，让人生辉煌。

因为爱，所以爱

印度诗人泰戈尔曾说道："花的事业是甜蜜的，果的事业是珍贵的，让我干叶的事业吧，因为它总是谦逊地低垂着它的绿荫。"带着对绿叶精神的追求，带着对教师的崇拜，带着对教育事业的憧憬与热爱，十三年前，我义无反顾地选择了教师这一职业。

从踏上三尺讲台的第一天，我便发誓，要实现教育的最高宗旨："一切为了孩子，为了孩子一切，为了一切孩子。"我也把它当作我从教的最高准则。

我清晰地记得：前年夏天，我正教初三毕业班，可是我年幼的女儿却得了肺炎，这正是需要我这个母亲悉心呵护的时候，但我从没因家中困难向组织要求什么，也从没因此而耽误学生一节课，而是把年迈的母亲"差遣"来照顾孩子。只有在中午空闲之余，我才回去看看。每一次匆忙回去时，望着眼泪汪汪的女儿那渴求我陪伴的目光和扎点滴疼痛难忍的小眉头，我真的是强忍着眼泪、硬狠下心肠，才挪出离开女儿的步子。每天，我奔走于教室、家庭、医院之间。我曾苦恼，也曾彷徨，但我的学生给了我无穷的力量。他们说："老师，你去给孩子看病吧！我们自己学习，能行！"我是幸福的，因为我拥有孩子们的理解，拥有孩子们的爱。就是这份爱，让我在最困难的时期坚强地挺过来了。

因为我知道，爱一切孩子是我时刻不能忘的责任，"捧着一颗心来，不带半棵草去"。为了学生能全面发展，我绞尽脑汁进行培优辅困；为了学生能共同进步，我采用"单调区间"来促膝谈心；为了学生能提高成绩，我不知付出了多少时间与精力来进行辅导与批改！但我无怨无悔。因为我从事着"天底下最光辉的事业"。正如歌曲中唱的那样"因为爱，所以爱"。

我爱教育，更爱学生，而学生也爱我。我更加坚信，我会用我的爱心去浇灌出美丽的桃李！

爱的魔力

英国的勃朗宁曾说过"地球无爱则犹如坟墓"。而瑞士的希尔泰也说过"爱可以战胜一切。"而我则认为教师的爱更具有魔力，它能化腐朽为神奇。

高尔基说过："谁不爱孩子，孩子就不爱他，只有爱孩子的人，才能教育孩子。"爱生是教师应具备的美德，也是教师的天职。师爱比渊博的知识更重要。能够得到教师的关爱，是每个学生最起码的心理需求，师爱对学生来说是一种鞭策和激励，对学生的成长和进步有很大的推动作用。

一、严中有爱对学生

俗话说得好：严师出高徒。"教不严，师之惰"。但严是要有标准的严，是在一定范围内的严，是符合教育规律的严，是有利于学生德、智、体、美诸方面都得到发展的严，决不是无规律、随心所欲的严，更不是摧残学生身心健康的严。大家都应该明白，严格要求不等于惩罚学生或随意指责学生，而是应该做到严中有慈、严中有爱、严中有度、严中有方，使学生对老师敬而爱之，而不是敬而畏之。

例如：去年我班有一位成绩优秀的学生就不爱劳动，值日时总找借口，评三好学生时班主任征求我的意见，我就建议把他拿掉了，他竟然问我为什么，我严肃地说："你其他方面都达标，而且做得很好，但是劳动意识不强，所以这次我没同意你当三好学生。老师也相信，以你这样的不全面发展，一定也不好意思当选三好学生，而且我更相信热爱劳动这一项你一定能行。"从此，他每次值日都积极肯干，在家里也能主动做家务。再次评选三好学生时，当我宣布他是第一位时，他激动得小脸红扑扑的。这就是严中有爱的教育效果。

二、平等尊重待学生

鉴于新课改的"要尊重学生、平等待学生，让学生生活在阳光之中"的要求，我们作为教师一定要爱学生，也要尊重学生的人格，建立平等的师生关系。

尊重学生的人格，就是要充分理解学生、信任学生、欣赏学生，呵护学生的创造潜能，保护学生的合法权益，切勿伤害学生的自尊心和自信心。同时，对学生要真诚，以自己的真实、完整的人格去面对学生，真诚地与学生交往，给学生以真诚的关心和帮助。这样，一种民主平等、亲密和谐的良好的师生关系就建立起来了。

记得那年我教初一新生。我们班上有"一棵干枯的小草"——小邓，在众多的"鲜花"中竟显得那样突出与不协调。黄瘦的小脸，很少见她笑过，反应慢，学习差，不善交谈，因此受到同学的冷落。

记得有一次元旦前夕的政治课，我要求同学们做贺卡给父母、老师或者同学。全班只有小邓没有完成任务，我严肃地问道："你做的呢？"她还是以前那副神情仍然不说话，我有些来气了，用手敲她的桌子叫她说话。"滴答"，未等我话说完，一滴温热的水珠滴在我的手背上，融化了我心中一丝愤意，我用手擦去她的眼泪。原来她爸爸死了，妈妈病了。我感到深深的内疚，于是我亲手做了一个洋娃娃送给她，并带领全班班干部去她家帮忙干家务。从此以后，小邓见了我都会甜甜地叫一声"老师好"。而且在大家的帮助和关心下，她的性格开朗了许多。看来平等尊重的力量是神奇的。

三、赏识学生闪光点

陶行知曾说过"培养教育人和种花木一样，首先要认识花木的特点，区别不同情况给以施肥、浇水和培养教育，这叫'因材施教'"。这就是要求教师要因人而异，及时发现每一个学生的闪光点，实施赏识激励，才会迸发出奇迹的火花。

只有善于发现学生的闪光点，才能转化"问题生"。"闪光点"即优点、长处。任何一个学生都有自己的优点、长处，"问题生"也不例外。教师要善于发现学生的闪光点，千方百计地让学生的闪光点有用武之地，使学生的自尊心、上进心得到承认和强化，从而激起学习的斗志，鼓足前进的勇气。只要细心观察，最终都会"淘尽黄沙始得金"。

转化"问题生"除了多观察外，还应多了解、多关心、多谈心、少告状、少发火、不体罚、不放弃。孔子说"有教无类"，实践证明，从爱出发，动之以情、晓之以理、导之以行、持之以恒，"问题生"是可以教好的。

还记得我曾教过一个调皮大王叫陆世鹏，他每天上学来第一件事就是放下书包，然后跑到大门口小卖部去买小食品，然后油嘴麻花地回到教室，再然后就是招惹别人。细打听我知道他家三个女孩，好容易在他妈妈 45 岁时有了他这个接户口本的人，家里惯得不行。小学时就是调皮捣蛋大王。为此，我这个小副科科任老师多次和他谈心，还利用午休的时间为他辅导功课，甚至在他有一次为班级同学打抱不平，和别班同学打仗被打破脑袋时，我带领班干部去看他，并表扬他乐于助人，但是也委婉批评他不该动手打架，他感动得哭了，家长也很感动，后来当他伤好返校时，我还在我的政治课上特意为他上了一堂"讲义气与守纪律"的题外政治课，大家畅所欲言，使他明白了自己这次犯错误的真正原因，从此以后他逐渐变得守规矩了，不再调皮了，甚至有的老师戏称"赵老师，你教那十一班的'小活驴'怎么让你给变成'小绵羊'了?"

总而言之，师爱是一种魔力，它能融化冰雪，能滋生万物，能净化心灵。

教师，我无悔的选择

　　如果有人问我："假如有来生，你还会选择教师这一职业吗？"我会毫不犹豫地回答说："我仍然还会选择做教师，教师是我无悔的选择！"

　　印度诗人泰戈尔曾写诗道："花是尊贵的，果实是甜美的，让我们都来做叶吧，因为叶，是平凡而谦逊的。"我觉得这首诗就是为教师写的，因为教师就像那默默奉献的绿叶，时时刻刻衬托着"鲜花"的娇艳。我愿意用我的青春和生命谱写这无怨无悔的人生！

　　有人曾问我做教师的感受，我曾这样回答：第一，累！看看每学期写得满满当当的备课本、听课本、教学计划、试卷分析……看看办公桌上堆成一座座小山似的作业本、练习册；看看教师的窗前一个个伏案的身影和一盏盏等到深夜才逐渐熄灭的清灯；看看放学后，坐在门口，用膝盖写作业，等着父母回家的孩子们——能说不累吗？这是工作责任心所带来的累！第二，还是累，即使在假期里，我和我许许多多可敬的同事，牺牲了宝贵的假期，走进课堂，孜孜不倦地学习新课程标准，领悟新教育理念。我们顶烈日、冒酷暑，只为给自己"充电"，提升自己的教学水平，能说不累吗？但是，我们所有的劳累，换来了学生的进步和成长！我们谁叫过苦！我们谁喊过累！当看到自己的学生展开翅膀去搏击广阔无垠的蓝天，我们心中只有欣慰，只有自豪！这就是教师职业的魅力！这就是人民教师奉献者的英雄本色！

虽然现在有许多家长、学生辱骂教师，但是也改变不了我的选择，我还是要坚持：如果有来生，我还要做人民教师，这会是我今生来世下下辈子无悔的选择！

所以我要大声地说："做光荣的人民教师，是我无悔的选择！"

一分耕耘，一分收获

通过这几天的师德培训，我的灵魂再一次被净化了，开始不断反省自己这半年来是否真正按《中小学教师职业道德规范》这八项要求去做了。我自认能真正依法执教，自觉遵守《中华人民共和国教师法》等法律法规，更主要的是能热爱教育事业，爱岗敬业。以前人们总说："家有三斗粮，不当孩子王。"现在又有人说："行啊，老师是'铁饭碗'，找个好工作养老不错。"这两种人其实都不配当老师，他们根本不热爱教育事业，那又怎能教书育人呢？我自从担任三年级三班这个班的政治课教师以来，勤勤恳恳地工作，默默奉献，千方百计为学生的中考不拖主科的后腿而努力着，因而学生的政治成绩始终不拖后腿。看到那一张张开心的笑脸，我也露出了欣慰的笑容。

至于热爱学生，充分发挥为人师表的作用这点，我更是时时牢记在心，始终奉行"捧着一颗心来，不带半根草去"这一准则，无论是对待哪种学生都能做到循循善诱。

张明瑞同学就是一例。他上课常溜号，而且成绩也直线下降，为此我很苦恼。他这个人自尊心极强，在同学面前说教不太适合，因此我决定找准时机，与之交谈。有一天，机会终于来了。

那天体育课，正赶上他脚扭伤了，不能上课，在教室里休息。我路过他班教室，便走进去先关心他的脚伤情况，再自然地过渡到他的学习上来："你脚扭伤了，却能坚持来上学，可见学习态度很端正，如果能克服上课溜号的毛病，成绩还能这么不理想吗?"听后他惭愧地低下了头，我又趁热打铁给他鼓劲。最后，他表示今后决不再溜号，后来他的成绩明显提高了。

当然，也有很多不足，比如在"恨铁不成钢"的急躁心态下，也会训斥学生几句，有时也会惩罚一下纪律差的学生。今后，我要努力改正这些不足，争取在今后的工作中取得更大的成绩!

爱心与奉献

每听到社会上人们说："这学校，这老师又收钱了""这老师真是'黑心狼'"等说法，我的心就在颤抖：什么时候，我们老师的师德能不再让社会上的人寒心呢？

经过这几天的师德培训，我深有感触，尤其是听了我校校长与书记的《师德报告》，我是受益匪浅。如果我们老师人人都能以爱心与奉献来对待教育事业，那么，重塑老师这一人类灵魂的工程师的形象指日可待。

首先，我明白了师爱是师德的核心。如果老师能以饱满的热情、浓浓的热心来对待学生，为学生撑起一片爱的蓝天，那么学生自然而然地就会对老师肃然起敬。

例如：有一年我教的一年级四班的王晶、十班的王军这两名同学，他们上课常搞小动作，我多次找他们谈心也无济于事，最多只是略略收敛些，我很苦恼，后来这两名同学一个是因病、一个是逃课，耽误了一星期的课程，我并不因为他们是"困难生"，上不上课都没有多大区别这个缘故而不理睬他们，而是主动利用午休时间找到他们，给他们把落下的功课补上。他们很意外，也很惊喜，后来再上政治课时，他们的纪律好多了，而且还能认真独立完成作业了。这正是我一视同仁的公正的爱心感动了他们。

其次，我更加懂得了单单对学生奉献一份爱心并不够，还要在工作中默默奉献。俗话说得好，"一分耕耘，一分收获"，如果能忘我地勤奋工作，何愁学生不信服自己呢？

刚参加工作的第五个年头，我教的一年级十班是一年级组的几个好班之一，接到这个任务，我的压力很大，绞尽脑汁想：怎样才能让好班在成绩上不愧为"好班"这个称号呢？为此，我除了认真备课、上课外，就是尽量挤时间，给学生多上课，多做练习题，后来又代了一班的课，一天总共有九节课，有时我一天至少六节课，累是累了点，但我仍咬紧牙关坚持住。"功夫不负有心人"，十班的政治成绩飞跃提高。由第一次月考年级组第四，到第二次的第三，到第三次的第二，直到最后期末考试的年级组第一！可见，忘我的工作是有回报的。

而我教的另一个班——二班的政治成绩也稳步上升，尤其是这次期末考试成绩，全年级组除了三个好班政治有九十分以上的，就是二班有两个，还有我代课的那个班，原来小科都是后数的，原因是不爱背！后来我代课时，一改死记硬背的方法，多数运用活动的方式来教课，孩子们爱参与，也就自然而然地提高了成绩，这次考试他班的政治成绩由原来的倒数第二，直接前进五名！可见滴滴汗水换来丰硕的成果。

　　当然了，对照师德的条条项项，我也有不足之处，例如：有时会在"恨铁不成钢"的急切心态下训斥、挖苦学生几句，甚至还会小有惩戒，像罚多写作业等。

　　今后，我会努力改正自己的不足，争取和大家一起，用爱心与奉献来重塑教师——人类灵魂的工程师这一形象。

我是摆渡者

有人说教师是蜡烛，有人说教师是春蚕，而我却说教师是摆渡者，学生就是那渡河的人。时光荏苒，岁月匆匆，渡河的人早已声名卓著，而摆渡者依然是一篙一船，无怨无悔地摆送着渡河人。而我就是这摆渡者之一，并甘愿一辈子都默默无闻地摆渡。

参加工作十三年了，既有初为人师的兴奋与热情，又有取得成绩时的欣慰与喜悦，更有遇到挫折时的泪水与汗水，但最多的是幸福与满足，那是因为我有了爱！

记得我刚毕业时，满怀着一腔的热忱，来到海城二中。上课伊始，就有老教师叮嘱我："你可得严厉点，要是压不住这班学生，他们会闹翻天的。"我心想，从小我就渴望能当一位学生的朋友一样的老师，所以我不会只顾严厉，却忽视了慈爱。然而刚几天工夫，学生就给我的热忱与爱泼了一盆凉水。

这个班级有个女生叫王盈，却假小子般地常和男生打架，而且学习也不好，脾气也暴躁，稍不如意，就会大呼小叫的，全校师生都知晓她的大号——盈姐。我苦于对她无从下手，尤其是政治课上，她觉得一个小副科有什么了不起的，学与不学没什么区别。我更加不知道如何改变她的这一认知，后来我从她的闺蜜口中了解到：她父母忙于生意，而且除了生意，心思都在她弟弟身上，对她是非打即骂，从而影响了她也以粗暴形式解决问题。

　　面对这样一个缺少家庭温暖的孩子，我认定：只要有爱，就会融化这块坚冰。于是我常常找她谈心，并且在周末时还带她一起出去玩，一起吃饭。在她挨父母打骂后，我还会安慰她，劝导她父母对待孩子要温和些。有一次她过生日，她只求她父母为她买一个学习机，结果她父亲说她是"扶不上墙的烂泥"，不给她买学习机。她和父亲据理力争，结果她父亲给她打了，而且把她手腕打伤了，她却倔强地不处理伤口就到学校来，我看到后不由分说给她买来了药水，还为她擦药水。同时号召大家把给她准备的生日礼物拿出来，大家一起给她唱生日歌，陪她一起吃生日蛋糕。而且好巧的是，那天我们正好应该讲第三单元"师长情谊"中第六课"师生之间"这课，我让大家就这件事，讨论"师生之间该如何相处"这一问题，大家畅所欲言，而王盈更是在看到我如此真诚地对她，看到大家如此热情地待她后而感动得热泪簌簌而下，她终于向我敞开了心扉，我的爱的阳光也终于得以射进她心灵中的每一个角落。从此她变了，愿意接受我给她补习，愿意听从我的任何劝告。在我和她的努力下，她的成绩提高了，脾气也收敛了，由原来的"大姐大"变成了乖乖女。连她的父母也倍感惊诧，看来爱的阳光的威力真大呀！

从此以后，我更加坚定地认定：用爱去浇灌每一朵含苞待放的花朵，一定会百花绽放的。我更加愿意，始终如一地撑着长篙、划着小船，去做一辈子的摆渡者！

如何指导初中生树立正确的人生观

中学是学生思想品德形成和发展的关键时期。学生的思想品德的形成和发展不仅与社会的政治、经济制度，人们所处的社会地位和生活条件有关，而且与他们的年龄阶段有着密切的联系。

中学生一方面显示着自己成长的力量，另一方面却存在许多的不适应。他们思想品德的形成和发展与小学生、大学生以及成年人相比，有许多不同的特点。只有掌握他们思想品德的形成和发展的特殊性，才能更有效地进行思想政治教育。

一、引导学生学会做人

如何引导学生做人？仅靠说教式的灌输很难达到预想效果，必须要结合学生的特点，贴近学生生动活泼地进行教育。江泽民同志曾指出："对学生的教育工作特别是思想品德教育、纪律法制教育，校内校外，课内课外，都要抓紧，一点放松不得。"作为一个教育工作者，都应该充分认识加强青少年的品德教育的重要性。一是要树立长期育人的思想。"思想政治素质是最根本的素质。"我们必须把这一要求落实到教育工作的各个环节，遵循中小学生身心发展的规律，坚持与社会实践相结合；理论与实践相结合；教育与严格管理相结合。促进学生认和知的统一。学校要按照中共中央倡导的公民道德纲要为依据，制定出切实可行的实施规范行为道德准则目标。我认为：要始终坚持以爱国主义为核心，以行为规范养成教育为重点，以班集体教育为基础，以邓小平培养"四有"新人理论为指导思想的品德教育新思路，确定培养"学会思考，学会学习，学会做人，学会创新，学会健身"的新型人才的教育目标。二是增强教育的针对性。对学生不同的教育阶段有不同的教育内容，小学阶段重点进行以社会主义公德、社会常识和文明行为习惯为主要内容的养成教育；中学阶段重点进行遵纪守法教育、珍爱生命教育，引导学生逐步树立正确的人生观、世界观和价值观，不断地提高他们爱国主义、集体主义和社会主义思想觉悟，要把最经常、最有效的品德教育寓于学科教育之中，我们每一位教育工作者都要有"智育兼施德育的意识"，努力根据学科教材所蕴含的思想品德因素，有机地结合，自然渗透。

二、帮助学生树立正确的人生观

指导学生正确地认识自我，树立良好的自我观。人的一生中，有许多因素是自己不满意的，也是自己没有能力改变的，如身高、长相以及出身家庭等。既然无法改变就要坦然接受，否则就会增加烦恼与不安。同时又要指导学生正确认识自我，认识自己的长处，要用己之长补己之短。天生我材必有用，大材有大用，小材有小用。只有正确地认识了自身存在的价值，并把自己放到正确、适合于自己的位置上，接受并力争塑造出一个良好的自我，才能减少学生的不公平感以及由此带来的自怨自哀。

三、坚持多途径、经常性地开展教育

对中学生进行人生观教育不是一朝一夕的事，必须坚持经常并通过多途径开展教育。主要途径是政治课教学、班会、团队会和各科教学活动，学校的其他方方面面的工作及各种活动也都要渗透人生观教育，学校还要发挥教师的楷模影响作用。在进行教育过程中，要注重针对性和实效性。各科教学要结合教材内容，针对学生实际，坚持以传授知识为载体，有机地渗透人生观教育，切防生拉硬套。这样，就能使各科教学对促进学生形成正确的人生观，起到积极而有效的作用。

学校还要充分发挥主题班会、团会的作用。针对学生实际，有计划地组织开展专门研讨人生观问题的主题班团会，有目的地解决学生中存在的模糊认识和不正确的看法。比如，组织学生开展《为什么要树立正确的人生观》《怎样树立正确的人生观》《我们当代的中学生应该有一个什么样的人生观》等专题研讨。

学校还要充分发挥各种活动在向学生进行人生观教育中的重要作用。要坚持寓人生观教育于各种活动之中，使学生在丰富多彩的生动活泼的各种活动之中，从不同角度，受到深刻的人生观教育。

古人云：玩物丧志。意思是说，过分追求物质享受就会丧失志气和志向。可见，这种讲实惠的思想一旦急剧泛滥起来将是多么可怕，它不仅会毁掉一批人，还会毁掉社会主义事业。

新时期的青年要有正确的人生观。树立正确人生观，就能够为大众的利益识大体、顾大局、克己奉公，不会为个人得失而斤斤计较，不会陷入"自我中心"而难以自拔；就能够为崇高的理想，以顽强的意志克服遇到的各种困难，不为矛盾所困扰，不向挫折屈服，不为冲突而忧虑，热爱自己本职工作，积极努力作出成绩，奉献自己存在的价值，与大众共享幸福之乐。

教师——神圣的职业

未来世界的竞争是教育的竞争。推动教育事业发展的主体——教师，肩负着神圣的历史使命。要培养造就 21 世纪高质量、高规格的人才，就必须建立一支高素质的教师队伍。而教师队伍建设的核心是教师的师德，教师的师德决定了教师的素质，又决定了教育的质量。因此，加强师德建设工作是时代的需要，是全面推进素质教育、深化教师队伍建设的重要一环，也是搞好教育的行风建设和决定教师队伍建设成败与否的关键。

一、师德修养的基本要素

1. 热爱教育事业，献身教育事业是师德修养的思想基础。"教师是太阳底下最崇高的事业。"人们常把教师比喻为"红烛""人梯""春蚕""铺路石"，意在表达教育这一职业的无私和伟大。所以，教师从自己执教之日起，就该对教师这一职业有充分的认识，才能彻底清除"拜金主义"

"仕爵主义"观念，把自己的全部心血奉献给自己所从事的教育事业，像陶行知所说的那样："捧着一颗心来，不带半根草去。"无论何时，都能够理直气壮地说，"投身教育事业，我终生无悔"。

2. 热爱、尊重学生是师德修养的基本要求。教育是爱的共鸣，是心和心的呼应。教师只有热爱学生，才能教育好学生，使教育发挥最大限度的作用。可以说，热爱学生是教师职业道德的根本。对学生冷漠，缺乏热情，绝不是一个有良好师德的好教师。教师爱学生体现在"严"和"慈"上。常言道："严师出高徒。"

又说："严是爱，宽是害。"对学生不严格要求、严格训练，难以培育出跨世纪的可靠接班人和合格的建设者。"自古雄才多磨难，从来纨绔少伟男。"所以，对学生不严不行。

当然，严要得法，严要有度，不能按法西斯式的训练来要求。慈，就是对学生要关心、爱护、宽容、尊重。充分鼓励学生的自尊和自信，关心学生的学习和成长进步，使学生全面发展。

3. 为人师表是师德修养的核心。教师是人类灵魂的工程师，"为人师表"是教师最崇高的荣誉，也是教师的神圣天职。作为一个人民教师，负担着全面提高国民素质，特别是青少年一代文明程度的直接责任。"教育者先受教育。"只有最大限度地提高教师为人师表的水平，才能胜任人民教师的历史使命，无愧于人民教师的光荣称号。这就要求教师要时时处处以身作则，为人师表，凡要求学生做的自己必须先做到做好。比如要求学生不迟到早退，教师自己就不能迟到早退；要求学生文明礼貌，教师自己言谈举止切切不可粗鲁；要求学生遵守行为规则，教师应自觉遵守教师守则。否则，光要求学生，而自己又不身体力行，反而胡作非为，学生就认为这样的老师言行不一，出尔反尔而不可信赖。正如孔子所说："其身正，不令而行；其身不正，虽令不从。"

4. 教好书是师德修养的关键。

教师要把自己的学生培养成为全面发展的有用人才，就必须把书教好。

这就要求教师要具有渊博的知识，在知识的海洋里，宇宙间的任何事物都只是其中的一朵浪花，一粒泥沙，而教师如同一叶扁舟，常年累月航行于其中，将一批又一批渴望成才的求知者送达理想的彼岸，风雨无阻，无怨无悔。浪头上行舟，难免惊心动魄，但也有欣慰与欢畅。选择了教师职业就选择了艰辛和挑战。

胸无点墨、混迹社会、腰缠万贯者大有人在，但我们无法想象，更不能容忍一个滥竽充数的教师堂而皇之立于那些求知若渴者目光聚焦的神圣讲坛。所以，教师要有进行教育所需的扎实而宽厚的基础知识和专业知识，要透彻地懂得所教学科。仅仅熟悉教学大纲和本学科内容是不够的，教师的知识应比这宽广得多。"教师要给学生一杯水，自己必须有一桶水"，说的就是这个道理。教师还应具备多方面的爱好和才能。

因为正在成长中的少年儿童具有强烈的好奇心和求知欲，他们对任何事物都感兴趣，上至宇宙太空，下至海洋生物，从远古时代到未来世界他们什么都想知道，并认为教师什么都知道。这种好奇心加求知欲是发展智力的动力，教师应珍惜它，而不能扼杀。这就要求教师要多才多艺，和学生打成一片，指导学生开展丰富多彩的活动。所以，教师要终身不断学习，不断开拓，更新自己的知识。正如加里宁所概括出的辩证过程：教师一方面要奉献出自己的东西；另一方面又要像海洋一样，从人民中、生活中吸收一切优良的东西，然后把这些优良的东西贡献给学生。

5. 育好人是师德修养的归宿。

教书育人是教师的天职，教书是手段，育人是目的。因此，教师在任何时候都不能忘记，自己不是为教书而教书的"教书匠"，而应是一个教育家，是人类灵魂的工程师。这个工程师是通过教学活动，在学生心灵上精心施工的，目的在于培养学生的共产主义世界观和道德觉悟。这就要求教师，必须全面贯彻党的教育方针，坚持以德育为首，五育并举，做到既教书又育人。

二、中学教师如何加强师德修养

当前，在推进素质教育，倡导更新教育理念的同时，怎样树立新时期的师德形象，已成为广大教师面临的重要课题，本人认为应从以下几个方面着手塑造良好的师德形象。

1. 要注重性格的平稳持重和认识视野的开阔贯通。性格的平稳持重是一个教师应有的心理状态。要能以平等、热情、诚恳的态度面对学生，要让情绪稳定，善于自我调节。

教师要对那些不利于教学的情绪加以控制。特别是与学生发生矛盾、发生冲突的时候，教师更要理智，不要声色俱厉，暴跳如雷，使矛盾冲突白热化，而应冷静沉着，宽宏大量，在健康的气氛中解决冲突，并使冲突导向产生一定的教育价值。

2. 要有较强业务技能和学术能力。业务技能，是指通过长期某一业务活动方面的训练而求得的技术。

如工整清晰的板书，标准的普通话，现代信息技术的灵活应用，等等，都是一个教师必备的基本业务技能。学术能力，是指在业务活动的基础上进行理论探索的个性特征。通常人们主张，"学思结合""做想结合""知行结合"，不能只停留在业务技能的层面上，而少于学术提炼，理性思考；也不能只醉心于学术见解的发表，而少于亲身教学的实践。

3. 要有较强的逻辑能力和机智幽默的应变能力。教师在传授知识的同时，要善于清晰地展现各门学科、各知识点间的内在联系，交给学生一张知识网，并教会学生利用这张网去获取更多的知识。因此，教师必须具备极强的逻辑思维能力。而机智、幽默同样是构成教育才能的重要因素，它对于教师来说，是一种十分重要的思维品质，它是教师性格、修养、智慧的表现。幽默可以帮助教师更灵活更巧妙地实现教学、教育的意图，学生也普遍欢迎富于幽默感的老师。机智就是应变能力，课堂上的情况瞬息万变，特别需要教师有一定的应变能力。幽默、机智实际上是以扎实的知识功底、丰富的教学经验为基础的，这个能力，只能在实践中培养。

4. 要有旺盛的求知欲和良好的人际沟通能力。现在的资讯迅猛发展，知识更新非常快，教师不能再抱着一本书闯天下，加速知识的更新才能得到学生的认同，特别是对中职学生而言，他们已经有判断是非的能力，接触社会的机会也不断增加，有自己的思想。教师如果跟不上时代的发展，很容易产生信任危机，同时，知识的更新也更容易和学生产生共同的话题，良好的互动关系会使教育问题的解决达到事半功倍的效果。

记得法国作家卢梭说过："没有榜样，你永远不能成功地教给学生任何东西。"法国作家罗曼·罗兰也说过："要撒播阳光到别人心中，总得自己心中有阳光。"我想，我们每个教师的师德就如同这里的"榜样"和"阳光"。俗话说，亲其师，则信其道；信其道，则循其步。所以说教师是旗帜，学生如影随形般地追随；教师是路标，学生毫不迟疑地顺着标记前行。良好的师德，是一种强有力的教育因素，是教书育人的一种动力。它是教师从事教育劳动时必须遵循的各种道德规范的总和。加强教师师德建设是时代的需要，是全面推进素质教育的需要。培养造就一支忠诚党的教育事业，率先垂范，教书育人，具有良好职业道德的高素质的师资队伍，才能全面推进素质教育，实现自身的办学目标。所以，每个教师都要努力把自己培养成为具有良好师德的人，才能完成"传道受业解惑"这一光荣而伟大的任务。

师爱无痕

当我拿到《做最好的老师》这本书，第一眼看到书的名字时，首先在我脑海中闪现的是：怎么可能呢？这么多优秀的老师，再怎样努力也是不可能做到的。在读过了书的序言之后我才理解了这句话所蕴含的深意：什么样的老师才是最好的老师呢？用李镇西老师的话说，"最好"就是"更好"，虽然这个"最好"永远达不到，但一个一个的"更好"，便汇成了一个人一生的"最好"。"做最好的自己"，强调的是自己和自己比，昨天的自己和今天的自己比，不断地超越自己——我今天备课是不是比昨天更认真？我今天上课是不是比昨天更精彩？我今天找学生谈心是不是比昨天更诚恳？我今天处理突发事件是不是比昨天更机智……他说："每天都不是最好，甚至每天都有遗憾，但每天都这样自己和自己比，坚持不懈，我便不断地向'最好的教师'的境界靠拢。"

作为一名老师，不是每个人都能做到最好，但是我们却可以要求自己做一个好老师。两千年前，一位先哲办私学、讲道义，揭开了中国教育的序幕。从此，我们知道了什么是"多闻阙疑",明白何谓"三人之师"。教师,一个多么神圣的职业!岁月悠悠,横亘千古,伴随着一幅引人景仰的图像,走进这崭新的时代。而如今的新时代我们又怎样做好教师?怎样做一个好教师呢?

在李老师的书中,第一个章节出现频率最高的字眼是"爱"字,最耐嚼的也是这一个"爱"字。是的,李老师说:"爱是永恒的教育理念。"这爱啊,说起来简单做起来"复杂",在没有读李老师的书之前,我还浅薄地自信自己是"爱"学生的。读完这章书我不敢大声地说我是"爱"着学生的了。李老师让我对爱学生的"爱"有了全新而深刻的理解:

爱,不单单是欣赏优秀的学生,而是"怀着一种责任把欣赏与期待投向每一个学生"。

爱,"不应是居高临下的'平易近人'而是发自肺腑的对朋友的爱"。

爱,不应是对学生的错误严加追究,而是"博大的胸襟""对学生的宽容"。

爱,也不应是对学生的纵容,而是"必然包含着对学生的严格要求,乃至必要的合理的惩罚"。

爱,不只是关心学生的学习、生活、身体,而是要"善于走进学生的情感世界""理解学生的精神世界""学会用他们的思想感情投入生活,和学生一起忧伤、欣喜"。

爱,不仅仅是只对自己所教的这几年负责,而是"对学生的成长以至未来一生的负责"。

爱，"不仅仅是对自己所直接教的学生的爱，还包括所有——外班的、其他年级的，甚至外校的学生的爱"。

爱，不是用一颗成年人的心去包容一颗颗童心，而是"需要一颗童心"，用童心去碰撞童心。

爱就是"一份纯真，一份庄严，一份责任感"，就是民主，就是平等，就是把"童年还给童年"，就是为学生的"美丽人生"奠定美好的开端。

一个好教师的爱心能使少年儿童更健康地成长。在我们的学生中，有一批成绩优秀、才华出众的学生，对这些学生，教师的爱心特别要表现在锤炼其意志，帮助他们的心理得到健康成长。教师的爱心能使有缺陷和有特殊困难的学生倍增信心。对有些有生理缺陷或家境贫寒的学生，教师的爱特别要表现在关心和体贴上，使之摆脱自卑，增强信心和勇气。孔子对学生的体贴入微、关怀备至今仍传为佳话。家贫的，他多方接济；有疾病的，他去看望；他在与所有学生交往中，态度谦和，平易近人，敞开心扉。学生对他的感情深厚，终身不忘。教师的爱心能使犯了错误的学生重新振作起来。用真心实意和深情融化他们心灵上久积而成的"坚冰"，打开他们心灵的大门。

做一个好老师最基本的就是要爱学生，而爱学生就要了解他们。了解他们的爱好和才能，了解他们的个性特点，了解他们的精神世界。对一名好教师而言，只有了解了每个学生的特点，才能引导他们成为有个性、有志向、有智慧的完整的人。教育是入学，是对人类灵魂的引导。苏霍姆林斯基说得好：不了解孩子，不了解他的智力发展，他的思维、兴趣、爱好、才能、禀赋、倾向，就谈不上教育。爱学生就要公平对待所有学生，把每一个学生视为自己的弟子。据有关教师人格特征的调查，在学生眼里，"公正客观"被视为理想教师最重要的品质之一。他们最希望教师对所有学生一视同仁，不厚此薄彼，他们最不满意教师凭个人好恶偏爱，偏袒某些学生或冷落、歧视某些学生。公正，这是孩子信赖教师的基础。爱学生就要尊重他们的人格和创造精神，与他们平等相处，用自己的信任与关切激发他们的求知欲和创造欲。在教育过程中，教师是主导，学生是主体，教与学，互为关联，互为依存，所谓"教学相长"，"弟子不必不如师，师不必贤于弟子"，一个好教师会将学生放在平等地位，信任他们，尊重他们，视他们为自己的朋友和共同探求真理的伙伴。

回首自己走过的路，不禁惭愧万分。读了李老师的书，仿佛进行了一次精神洗礼。我也愿做一名好老师，做一名有爱心的好老师。我希望从现在开始，努力做好每一件小事，争取今天比昨天做得更好，明天比今天做得更好！